Sylvia Wetzel

Fühlen ist Leben

2,-

Sylvia Wetzel

Fühlen ist Leben

Mit schwierigen Gefühlen umgehen

HERDER

FREIBURG · BASEL · WIEN

MIX
Papier aus verantwortungsvollen Quellen
FSC® C083411

www.herder.de

Satz: Carsten Klein
Herstellung: CPI books GmbH

Printed in Germany

ISBN 978-3-451-60008-1

Inhalt

Einführung

Gefühle sind das Salz in der Suppe des Lebens, mit angenehmen und starken Gefühlen fühlen wir uns lebendig und wir wollen sie festhalten. Unter unangenehmen Gefühlen leiden wir und wir möchten sie loswerden. Wenn wir uns bedroht fühlen, werden wir entweder wütend und greifen an oder wir fürchten uns und wollen flüchten. Scheitern Angriff und Flucht, stellen wir uns tot und spüren nichts mehr.

Ich möchte in diesem Buch das große Thema Gefühle aus unterschiedlichen Perspektiven beleuchten. Im Zentrum stehen die fast unersättliche Sehnsucht nach *Liebe*, persönlicher Zuwendung und Anerkennung und die *Wut*, die wir spüren, wenn wir nicht das bekommen, worauf wir ein Anrecht zu haben glauben. Das Gefühl, *beleidigt* zu werden, und die wütende Beschimpfung scheinbarer *Feinde* gehören zu den dominanten Gefühlen, die vor allem im Internet, aber auch in den traditionellen Medien Tag für Tag zum Ausdruck kommen.

Die Sehnsucht nach *Liebe* und Anerkennung und das Ausdrücken von *Wut* und Enttäuschung scheinen nicht nur unsere privaten Dramen zu begleiten, sondern auch die zentralen Faktoren im sozialen und politischen Miteinander zu sein. Sie manifestieren sich als eine Vielzahl komplexer Gefühle und Emotionen, die im engen Zusammenspiel mit Dogmatismus und *Rechthaberei* und der Unwilligkeit, den eigenen Beitrag zu unserem Lebensgefühl zu sehen, entstehen. Der Buddhismus spricht anschaulich von 84 000 »Verblendungen« oder reaktiven Emotionen: Das sind je 21 000 Varianten von Gier, Hass und Verblendung im engeren Sinn und 21 000 Mischformen. Ich bin mir sicher, dass das kein buddhistischer Gelehrter und auch keine Yogini in ihrer Höhle jemals gezählt haben. Es ist einfach ein drastisches Bild für die unermessliche Vielfalt schwieriger Gefühle.

Ich möchte an dieser Stelle betonen, dass ich sehr froh darüber bin, dass diese schwierigen Gefühle nur einen kleinen Teil unserer Alltagserfahrung ausmachen. Ich bin immer wieder erstaunt und erfreut, wie hilfsbereit und klug viele Menschen sich verhalten, wenn sie Herausforderungen begegnen. Das stärkt meine Zuversicht, dass wir durch genaues Hinhören auf die Botschaft, die uns schwierige Gefühle geben, so mit ihnen umgehen können, dass wir damit Probleme verringern und nicht vermehren. In dieser Hinsicht sind für mich buddhistische Gedanken und Übungen die zentrale Orientierung. Sie inspirieren mich seit vierzig Jahren zu einem konstruktiven Umgehen mit sehr unterschiedlichen Gefühlen.

Wir verwenden den Begriff »Gefühl« für sehr unterschiedliche Erfahrungen, und das hat wohl mit ihrer zentralen Rolle im Leben zu tun. Was man alles unter Gefühlen und Emotionen versteht und wie sie entstehen und sich auch wieder verändern können, ist Inhalt des ersten Teils. Allerdings verändern sich nicht nur die *erlebten* Gefühle selbst, sondern auch *Funktion* und Rolle von Gefühlserfahrungen und ihr *Ausdruck* in unterschiedlichen Zeiten und Kulturen, und das nicht nur im Westen, sondern auch in Asien. Wir leben zwar alle in der gleichen Kalenderzeit, in der christlich-westlichen Zeitrechnung, aber nicht nur in Asien und Afrika, sondern auch in Deutschland und in Europa, in Nord- und Südamerika und in allen westlich geprägten Gesellschaften leben nicht alle Menschen in der gleichen kulturellen Zeit, und das gilt vermutlich auch für die Leserinnen und Leser dieses Buches und ihre Angehörigen und Bekannten.

Aus diesem Grund frage ich mich immer wieder: »Wer bin ich?«, und wenn es um andere geht: »Wer hat welche Gefühle?« Die Antwort darauf entscheidet, welche Herangehensweisen sich für welche Menschen besser oder weniger gut eignen. Das kann sich im Laufe eines Lebens verändern, aber auch je nach Stimmung und Tagesverfassung brauchen wir unterschiedliche Ansätze. Der Prozess der *Individualisierung* in der Moderne hat dazu geführt, dass wir inzwischen so unterschiedlich sind, dass uns *ein* bestimmter Ansatz oder *eine* bestimmte Reihe von Überlegungen und Methoden zum konstruktiven Umgehen mit schwierigen Gefühlen nicht ausreicht. Wir brauchen ein breites Angebot von Ansätzen und Übungen, die wir je nachdem anwenden können. Da nicht nur das *Spüren* von Gefühlen und ihr *Ausdruck*, sondern auch das *Verstehen* emotionaler Prozesse eine wichtige Rolle im Umgehen damit spielen, stelle ich immer wieder Erklärungsansätze vor, die mir einleuchten. *Erklärungen* sollen hier aber nicht primär als Rechtfertigung von Gefühlen dienen, sondern wollen vor allem bei schwierigen Gefühlen einen Hinweis auf *unheilsame Kausalketten* geben, die wir mit solchen Erklärungen vielleicht unterbrechen können – wenn wir das *wollen* und viele, viele Male auch *ausprobieren*.

Eingefahrene Gefühls- und Verhaltensmuster lassen sich nur verstehen und verändern, wenn wir uns ihnen regelmäßig und mit Interesse und Aufmerksamkeit zuwenden und immer wieder ausprobieren, was uns hilft, konstruktiv damit umzugehen.

Es gibt keine schnellen Lösungen für emotionale Verstrickungen, sondern nur das geduldige und ausdauernde Experimentieren mit Ansätzen, die wir inspirierend finden. Und diese Geduld und Ausdauer finden wir nur, wenn wir einigermaßen *Vertrauen* ins Leben haben und im regelmäßigen *Kontakt* und Gespräch mit Menschen bleiben, die lebendig und aufrichtig sind, mit ihren Gefühlen und Emotionen gut umgehen können und niemandem damit schaden.

Auch der Buddhismus hat sich im Laufe seiner zweitausendfünfhundertjährigen Geschichte verändert, je nachdem, in welchem Land er von welchen Menschen studiert und praktiziert wurde. Im zweiten Teil stelle ich daher einige zentrale Thesen und Methoden des *frühen* Buddhismus, des *Mahayana* und des *tantrischen* Buddhismus vor, die sich an Menschen mit unterschiedlichen Einstellungen und Fähigkeiten richten. Und ich untersuche die *kulturellen Brillen*, die Menschen aus dem Westen tragen, wenn sie sich mit buddhistischen Lehren und Übungen befassen. Denn je nachdem, wer wir sind und wie wir »ticken«, interpretieren wir Lehren und Übungen, so oder anders. Manchmal führt das zu mehr Offenheit, Klarheit und Feinfühligkeit, und manchmal stabilisieren wir mit buddhistischen Übungen lediglich unsere vertrauten Selbstbilder und eingefahrenen Muster.

Im dritten Teil gehe ich dann auf unterschiedliche schwierige Gefühle und auf einfache und komplexe reaktive Emotionen ein und schlage Übungen vor, wie wir die Stimme der Weisheit in ihnen hören können. Wir lernen konstruktiv mit ihnen umzugehen, wenn wir das ernsthaft und aufrichtig wollen. Denn das ist mir im Laufe meines Lebens klar geworden: Unser Leben kann nur dann gelingen, wenn wir *alle* Erfahrungen freundlich und aufmerksam zur Kenntnis nehmen, sie anerkennen und wertschätzen und einigermaßen verstehen. Das gelingt uns leichter, wenn wir auch Zugang zu den »schönen« und erhebenden Gefühlen haben, die der Buddhismus himmlische Gefühle beziehungsweise Haltungen nennt: Freundlichkeit, Mitgefühl, Freude und Gleichmut. Man kann sie auch mit Wohlwollen, freudige Dankbarkeit und heitere Gelassenheit übersetzen. Sie sind der Boden und der Hintergrund, der es uns möglich macht, angemessen und konstruktiv mit schwierigen Erfahrungen und Gefühlen umzugehen.

Erst wenn wir unangenehme Erfahrungen und schwierige Gefühle wahr- und annehmen, können wir die Lebenskraft, die in ihnen steckt, befreien und zum eigenen Wohl und dem aller verwenden. Das ist zumindest meine Vision eines gelingenden Lebens, und so interpretiere ich auch den Kern des demokratischen Ideals. Es drückt für mich die Zuversicht aus, dass wir im respektvollen Gespräch mit »Menschen im Plural« über die gemeinsame Welt Wege finden können, das Beste auch aus schwierigen Umständen zu machen. Wir spüren alle, ob eine Situation gut oder schlecht für uns und andere ist, und dabei helfen uns unsere Gefühle, die angenehmen und die unangenehmen, die schönen und die schwierigen.

Mögen wir alle die für uns geeigneten Wege finden, klug und angemessen mit unseren Gefühlen und denen von anderen umzugehen.

Hinweis zu fremdsprachigen Begriffen

Da sich dieses Buch an ein breites Publikum richtet, werden nur dann fremdsprachige Begriffe verwendet, wenn es der Klärung dient. Wenn nicht anders erwähnt, werden sie im indischen Sanskrit, der Sprache des Mahayana, genannt, es sei denn, sie sind in einer anderen Sprache bekannt, zum Beispiel unter dem indischen Pali-Begriff oder auf Latein, lat., oder Griechisch, gr., und so weiter. Weitere Hinweise finden Sie im Glossar und im Literaturverzeichnis.

TEIL EINS:

Wer bin ich und wie fühle ich mich?

Nenn' es dann, wie du willst,
Nenn's Glück! Herz! Liebe! Gott!
Ich habe keinen Namen dafür!
Gefühl ist alles; Name ist Schall und Rauch.
Goethe, Faust I, Marthens Garten

1. Was sind Gefühle?

Was sind Gefühle? Ich orientiere mich in diesem Buch vor allem an buddhistischen Ansätzen, denn ich bin keine Psychologin, und die buddhistischen Kategorien und Übungen geben mir eine gute Orientierung. Als Frau aus dem Westen bin ich auch mit christlichen und philosophischen, soziologischen und psychologischen Begriffen vertraut und durch sie geprägt. Da ich in diesen Begriffen denke und dieser Hintergrund in älteren und neueren buddhistischen Übersetzungen aus dem Englischen eine wichtige Rolle spielt, setze ich buddhistische Begriffe immer auch in Beziehung zu westlichen Termini und Kategorien, denn sie sind die Brille, durch die wir Ansätze aus dem Buddhismus sehen und verstehen.

Es geht mir nicht darum, den Buddhismus als optimales System für ein kluges Umgehen mit schwierigen Gefühlen darzustellen, sondern ich verwende die buddhistischen Kategorien als Landkarte im Dschungel vielfältiger Erfahrungen und Erklärungsansätze. Ich halte den Buddhismus nicht primär für eine Religion oder Philosophie, sondern für einen *Übungsweg*. In diesem Sinn sind für mich alle Aussagen des Buddha und seiner Nachfolger*innen aus den unterschiedlichen Kulturen und Zeiten in Asien, und seit über hundert Jahren auch aus dem Westen, primär Anregungen zum Üben, pragmatische Methoden, um mit bestimmten Herausforderungen klug und angemessen umzugehen.

Gefühle im Westen

Die westliche Psychologie ist, verglichen mit dem Buddhismus, eine junge Wissenschaft, und es gibt viele unterschiedliche

Schulen und Zugänge. Ich nenne hier die zentralen Kategorien aus dem dtv-Atlas zur Psychologie (1984) relativ ausführlich, denn sie entsprechen vermutlich eher unseren Erfahrungen als die traditionellen buddhistischen Kategorien. Allerdings wird darin betont, dass man sich in der Erforschung der Gefühle noch ziemlich am Anfang befinde. Ich werde im dritten Teil Vorschläge zum klugen Umgehen mit häufig vorkommenden schwierigen Gefühlen und Emotionen machen und mich dabei sowohl auf buddhistische als auch auf westliche psychologische Begriffe beziehen.

Unter dem Stichwort Emotionspsychologie werden viele Arten von Gefühlen beziehungsweise Emotionen aufgeführt, die ich zur besseren Übersicht in sieben Gruppen zusammenfasse: 1. *Somatische* Emotionen wie *Antriebe:* Hunger, Durst, Schlaf, Sexualtrieb; *Stimmungen:* lebhaft – schwermütig, Morgenmuffel – Frühaufsteher; *Schreck:* Flucht – Angriff; *Angst:* Flucht, Ängstlichkeit, Panik, Pessimismus. 2. *Situative* Emotionen wie Freude, Humor, Zorn, Sorgen, Besorgnis, Überraschung. 3. *Soziale* Emotionen wie Liebe, Selbstlosigkeit, Antipathie gegen Dinge, Personen, Tiere, Ideen und so weiter, mit einer großen Spannbreite von Abwehr bis Ekel. Für Aggression werden 37 Theoriegruppen erwähnt, die sich unter anderem mit Aggressionsabbau und dem Einüben sozialen Verhaltens befassen.

Die *soziale* Emotion der *Scham* gilt als Hüterin von Selbstrespekt und Selbstschutz und der Achtung fremder Integrität. *Schuldgefühle* nach Fehlverhalten basieren auf Verantwortungsgefühl und Selbstkritik. *Moralische* Gefühle entstehen in einem bestimmten sozialen Kontext und folgen einem bestimmen Kodex. 4. Zu den *kognitiven* Emotionen zählen Interesse, Hoffnung unter anderem. Dann gibt es 5. *Ästhetische* und *religiöse* Gefühle und *meditative* Emotionen, die sich auf das eigene Erleben beziehen. 6. Das *Selbstwertgefühl* pendelt zwischen Selbstachtung und Fremdwahrnehmung. Als 7. und letzte Kategorie werden unterschiedliche *Gefühlstörungen* genannt.

Grundgefühle, reaktive Emotionen und himmlische Gefühle

Der Buddhismus beschreibt drei Gruppen von Gefühlen: *Grundgefühle, schmerzhafte*, verblendete oder reaktive und *heilende* Gefühle, skrt. *vedana, klesha, brahmavihara*. Der Begriff Grundgefühl, *vedana,* bezieht sich auf die einfache Unterscheidung und Bewertung einer Erfahrung als *angenehm, unangenehm* oder *neutral,* bezogen auf *körperliche* und *geistige* Prozesse. Wir können angenehme oder unangenehme Grundgefühle erleben, wenn wir etwas mit den fünf Sinnen wahrnehmen und wenn wir über etwas oder jemanden nachdenken. Wenn wir auf diese drei Grundgefühle aus Gewohnheit automatisch mit Festhalten, Abwehr oder Gleichgültigkeit reagieren, blockieren wir wichtige Informationen, auf die uns Grundgefühle hinweisen können. Es braucht allerdings viel Übung und eine feines Gespür, wenn wir die subtilen Grundgefühle unmittelbar spüren wollen. Meist können wir nur aus unseren Reaktionen auf sie schließen. Wenn ich noch einen Teller dieser wunderbaren Suppe haben will, dann muss ich den Geschmack zuvor als angenehm bewertet haben, und so weiter.

Diese drei grundlegenden *reaktiven* Emotionen, Festhalten, Abwehr oder Gleichgültigkeit, werden *Klesha* genannt, wörtlich Fleck oder Befleckung. Sie gelten als Geistes*gifte*, weil sie den *Frieden* des Herzens *zerstören*. Ich nenne sie auch *reaktive* Emotionen, denn sie laufen aus Gewohnheit *automatisch* ab, vor allem dann, wenn wir unsicher und ängstlich, aufgeregt oder wütend und so weiter sind.

Häufig reagieren wir aus Gewohnheit und Unsicherheit ungeschickt auf unsere schlichten und einfachen Grundgefühle. Auf *angenehme* Gefühle mit dem Wunsch nach mehr, mit Festhalten an Dingen, Menschen und Umständen; oder wir bedauern, dass wir diese angenehmen Gefühle nicht häufiger erleben. Auf *unangenehme* Gefühle reagieren wir häufig mit Abwehr oder Ärger oder ignorieren das Gefühl und lenken uns ab. Damit verpassen wir eine gute Gelegenheit, die Stimme der Weisheit zu hören, die uns etwas über unser körperliches Befinden oder unsere Grundstimmung, über unsere Gedanken oder emotionalen Einstellungen sagen will. Wenn wir *neutrale* Gefühle gewohnheitsmäßig ignorieren, halten wir unspektakuläre Umstände für uninteressant oder unwichtig, statt sie als Hinweis zur Entspannung zu nehmen; oder wir finden das Leben zu langweilig und stürzen uns auf den nächsten Sinnenreiz.

Nehmen wir die drei Grundgefühle mit liebevoller Achtsamkeit zur Kenntnis, können sie uns zu einer freundlichen oder freudigen, mitfühlenden oder gelassenen Haltung und einem konstruktiven Umgehen mit ihnen inspirieren. Diese vier Haltungen werden »himmlische Verweilungen« genannt, *brahmavihara*. Wörtlich ist das der Ort, *vihara*, an dem der indische Gott Brahma verweilt. Dazu gehören Freundlichkeit und dankbare Freude sowie Mitfreude als Antwort auf angenehme Erfahrungen und Mitgefühl sowie Gelassenheit oder Gleichmut als Antwort auf unangenehme Erfahrungen, Pali *metta, mudita, karuna, upekkha*.

Da ich den Begriff »himmlische Verweilungen« sperrig und unklar finde, spreche ich meist von den vier »himmlischen« Gefühlen beziehungsweise Haltungen, auch wenn der Begriff Gefühl für die Haltung des Gleichmuts nicht zu passen scheint. Wenn wir ihn als ausgeglichenen Gefühlszustand verstehen, kann man Gleichmut oder Gelassenheit mit etwas Großzügigkeit auch Gefühl nennen.

Es geht also um dreierlei: Um *Grundgefühle*, *reaktive* Emotionen und *heilende* Gefühle. Das ist die buddhistische Lehre von den Gefühlen in der Nussschale. Es werden viele weitere Varianten reaktiver Emotionen und heilender Gefühle beschrieben. Auf sie gehe ich ebenfalls im dritten Teil ein, in dem ich konkrete Übungen zum Umgehen mit schwierigen Gefühlen vorstelle. Denn die Pflege heilender Gefühle ist das Tor zu tiefem Vertrauen ins Leben, und das wiederum fördert Entspannung und Zuversicht. Und je entspannter und zuversichtlicher wir sind, desto besser können wir mit schwierigen Erfahrungen umgehen.

Ich werde im Folgenden meist die allgemein üblichen und sehr weit gefassten Begriffe *Gefühl* und *Gefühle* verwenden und nur soweit notwendig zwischen Grundgefühlen, reaktiven Emotionen und heilenden Gefühlen unterscheiden.

Merksätze

- Die drei Grundgefühle, die Unterscheidung von angenehm, unangenehm und neutral, brauchen wir zum Überleben und als erste Orientierung. Reagieren wir automatisch mit den drei Geistesgiften oder *Kleshas*, mit Festhalten, Abwehr oder Ignorieren, stören wir den Frieden des Herzens.
- Antworten wir auf angenehme Grundgefühle mit Freundlichkeit und Wohlwollen, Freude und Dankbarkeit, vergrößern wir das Wohlbefinden bei uns und anderen. Antworten wir auf unangenehme Grundgefühle mit Mitgefühl und Gleichmut, verringern wir Unwohlsein und Schmerz

bei allen Beteiligten. Antworten wir mit Gelassenheit oder Interesse auf neutrale Gefühle, bleiben wir im Gleichgewicht oder erweitern unseren Horizont und damit auch unser Wohlbefinden.

2. Wer bin ich?

Wir erleben mehr, als wir begreifen.
Hans-Peter Dürr

Das Ich ist eine bloße Benennung
auf der Basis der fünf Skandhas.
Buddhistisch

Fünf Aspekte der Persönlichkeit

Wie entstehen Gefühle? Was ist ihre Funktion? Was können sie bewirken? Es gibt unterschiedliche Ansätze, die komplexen Entstehungsbedingungen der Gefühle zu beschreiben. Ich möchte hier zwei davon vorstellen, die Gefühle als Folge eines fixierten und engen Selbstbildes interpretieren: die fünf Komponenten der Persönlichkeit, *skandha*, aus dem frühen Buddhismus und die Vier Schleier, ein Ansatz aus dem tantrischen Mahayana, der das Zusammenspiel von Grundvertrauen, Sicht der Welt, emotionalen Strategien und gewohnheitsmäßigem Verhalten sehr anschaulich beschreibt. Ich habe diese beiden Ansätze ausgewählt, weil alle buddhistischen Schulen den ersten lehren und der zweite sich sehr gut für die kulturelle Übersetzung buddhistischer Kategorien in unser heutiges Denken eignet.

Im Modell der fünf *Skandhas* sind Grundgefühle eine der fünf Persönlichkeitskomponenten, *skandha*, wörtlich Haufen oder Ansammlung. Wir fühlen uns als eine lebendige Ganzheit, als Person, wenn wir fünf unterschiedliche Gruppen von Erfahrungen machen: Wir erleben Form oder Dinghaftigkeit, Gefühle, können unterscheiden und kategorisieren, haben einfache und komplexe Gewohnheitsmuster und ein Bewusstsein davon, *rupa, vedana, samjna, samskara, vijnana*.

Unser Ichgefühl entsteht auf der Grundlage dieser fünf Arten von Erfahrungen. Das Ichgefühl ist also kein stabiles »Etwas«, das wir je fassen könnten, sondern »eine bloße Benennung auf der Basis der fünf Skandhas«. Wenn wir das begreifen, können wir auch die Veränderungen in unserem Leben und unseres Selbstbildes leichter annehmen und erleben weniger unangenehme und schwierige Gefühle. Das ist Sinn und Zweck der meditativen Beschäftigung mit diesen fünf Erfahrungsdimensionen. Wir erleben uns als flexibel und offen für unsere Erfahrungen und können uns doch sicher und klar orientieren, denn alle dafür notwendigen Erfahrungen geschehen von selbst: Wir erleben Formen beziehungsweise dinghafte Objekte, können sie emotional und intellektuell bewerten, mithilfe vieler angelernter Gewohnheiten damit umgehen und uns dann auch noch mit unserem Bewusstsein einen Reim darauf machen. Das geschieht alles von selbst, und zwar ziemlich gut, wenn wir uns nicht ständig mit überzogenen Erwartungen und unrealistischen Vorstellungen einmischen, die wir dann bei Enttäuschungen mit Gier, Hass und Verblendung verteidigen. Dazu gleich mehr unter dem Stichwort »Vier Schleier«.

Was erlebe ich den ganzen Tag? Auf welchen Erfahrungen gründet mein Ichgefühl? Wie erlebe ich die fünf Skandhas? *Form* oder *Dinghaftigkeit:* Mit unseren fünf Sinnen erleben wir Formen, sehen Dinge, hören Klänge, riechen Düfte, schmecken Geschmäcker und spüren uns und andere über unseren Tast- oder Körpersinn. Wir erleben uns und die Welt als *dinghaft*, als feste Substanzen. *Grundgefühle:* Was auch immer wir mit den fünf Sinnen erleben, bewerten wir blitzschnell als angenehm, unangenehm oder neutral. Das hat eine biologische Basis und dient dem Überleben. Wir müssen vor allem *körperlich* zwischen angenehmen, unangenehmen und neutralen Erfahrungen unterscheiden können, nämlich zwischen dem, was dem Überleben nützt, und dem, was potenziell schadet. Auch bei Worten und Verhaltensweisen müssen wir diese grundsätzliche Unterscheidung treffen können. Grundgefühle geben uns eine erste *Orientierung* im Unterscheiden von Nutzen und Schaden im Hinblick auf unser Überleben.

Unterscheiden: Mit dieser Fähigkeit können wir Kategorien und Begriffe bilden. Sie ordnen die Welt und vereinfachen ihre ungeheure Komplexität. *Gewohnheitsmuster* sparen sehr viel Energie und vereinfachen unser Leben. *Bewusstsein* hilft uns schließlich, aus Sinneserfahrungen, Grundgefühlen, Kategorien und Mustern ein mehr oder weniger kohärentes Bild von uns und der Welt zu schaffen.

Die fünf Skandhas beschreiben wunderbare Fähigkeiten, die uns vor allem dann das Leben erleichtern, wenn wir *bemerken*, dass jede einzelne Gruppe hochkomplex ist, sich ständig verändert und – dass das Bewusstsein uns lediglich ein grobes *Modell* von uns, von den anderen und der Welt liefert. Viele Ansätze des Buddhismus laufen auf eine einfache und doch sehr folgenreiche Aussage hinaus: Wir erleben mehr, als wir begreifen. Unsere Erfahrungen sind viel komplexer als das, was wir verstehen. Diese Einsicht ist die Voraussetzung für unsere Bereitschaft, Erfahrungen zu *überprüfen:* Sinneswahrnehmungen und Grundgefühle, Kategorien und Muster und alle Vorstellungen und Modelle, die wir zur besseren Orientierung selbst entwickeln oder von anderen ungeprüft und naiv übernehmen.

Eigentlich könnte das Buch hier enden. Wenn wir auch nur ein bisschen auf unsere Erfahrungen achten, genauer hinschauen und hinspüren, könnten wir im Prinzip begreifen, dass wir immer mehr erleben, als wir verstehen, und dass alle Erfahrungen lediglich Hinweise geben auf eine große und weite, offene und komplexe Welt voller Geheimnisse und Wunder. Wir können und sollen Erfahrungen *vereinfachen*, wo es sinnvoll und notwendig ist. Wir können uns aber immer wieder dem wilden und aufregenden Leben *öffnen*, das voller Überraschungen steckt, wenn wir sie denn zulassen. Das ist allerdings nur möglich, wenn wir uns sicher fühlen und nicht nur anderen Menschen und uns selbst vertrauen, sondern auch dem Leben, dem großen Ganzen. Davon spricht der Ansatz der Vier Schleier.

Merksätze

- Unser Ichgefühl ist kein festes Etwas, sondern eine bloße Benennung auf der Grundlage von fünf unterschiedlichen Gruppen von Erfahrungen, auf der Basis der fünf Skandhas: Form oder Dinghaftigkeit, Gefühl, Unterscheiden, Gewohnheitsmuster und Bewusstsein.

Tiefes Vertrauen und Unwissenheit

Warum verzweifeln wir so oft an schwierigen Gefühlen und warum tun wir so selten das, was wir eigentlich für richtig halten? Der tibetische Meister Kalu Rinpoche hielt 1977 einen erstaunlichen Vortrag im kalifornischen Yucca-Valley (Kalu 1982). Eine meiner westlichen Lehrerinnen, Bhikshuni Ann McNeil (1933–2015), nahm an diesem Kurs teil und war sehr angetan von seinen Hinweisen zu den Vier Schleiern. Sie schrieb die zentrale Passage vom Tonband(!) ab und verwendete sie als Grundlage für ihre eigene Meditationspraxis und für Vorträge und Meditationskurse. Ich hatte das Privileg, 1985 und 1986 einige ihrer Vorträge bei Kursen in Niederbayern, München und Berlin ins Deutsche zu übersetzen. Ihre bodenständige Interpretation der Vier Schleier dient mir bis heute als Quelle der Inspiration (Wetzel 2013, 2006). Dieser bestechend einfache Ansatz hilft mir immer und immer wieder, überzogene Erwartungen und die daraus folgenden Enttäuschungen und reaktiven Emotionen zu erkennen und ein wenig zu lockern. Und mit Hingabe die vier himmlischen Gefühle einzuüben, als Tor zum tiefen, unerschütterlichen Vertrauen ins Leben – wie auch immer wir das nennen wollen oder können.

Auf die Frage: »Warum leiden wir, wenn doch alle Wesen Buddha-Natur ›besitzen‹?«, antwortete Kalu Rinpoche schlicht: »Wegen der Vier Schleier.« Das sind vier Arten von Unklarheit oder *Unwissenheit*, die den direkten und schöpferischen Kontakt mit unseren Erfahrungen und damit mit dem Leben blockieren: 1. der Schleier vor Buddha-Natur, 2. der Schleier der übertriebenen Getrenntheit beziehungsweise der dualistischen Sicht, 3. der Schleier der ungültigen Konzepte und der reaktiven Emotionen und 4. der Schleier der eingefahrenen Gewohnheiten.

Der erste Schleier ist der Schleier vor Buddha-Natur. Das ist die tiefste Unwissenheit, die uns daran hindert zu erkennen, dass der unfassbare Grund unseres Lebens aus Liebe, Kraft und Weisheit besteht. Diese drei Ausstrahlungen von Buddha-Natur sorgen jetzt schon dafür, dass unser Leben ziemlich gut läuft. Es könnte aber noch sehr viel besser laufen für uns und andere, wenn wir unsere natürliche Freundlichkeit, Kreativität und Intelligenz zulassen und nicht ständig durch unrealistische Vorstellungen, aufgeregte Emotionen und eingefahrene Gewohnheiten blockieren würden. Diese Blockaden zu erkennen und die innere Weisheit, Liebe und Kraft zu entdecken und zu befreien ist unser Aufgabe auf dem spirituellen Weg. In christlichen Begriffen könnte man den Schleier vor Buddha-Natur so deuten: Wir haben vergessen, dass wir Kinder Gottes sind, nach seinem Bilde geschaffen, fähig zu einem Leben in Liebe und Gerechtigkeit.

Was bedeutet Buddha-Natur, *tathagatagarbha* oder *buddha gotra*? Der erste Begriff bedeutet wörtlich *Schoß* oder *Keim* der Buddhaschaft, der zweite, dass wir zum Geschlecht, *gotra*, oder der Familie der Buddhas gehören. Wir sind also alle mit allen Erwachten verwandt, auch ohne selbst erwacht zu sein. Das ist doch eine schöne These, die Mut machen kann zu einem Leben in Würde. Alle mit Wahrnehmung begabten Lebewesen sind aus Buddha-Weisheit *geboren* und tragen den *Keim* des Erwachens beziehungsweise das Potenzial zu erwachen in sich. Im Buddhismus gilt das auch für Tiere und alle weiteren Arten von Lebewesen, die wir mit unseren fünf Sinnen und dem Denken nicht wahrnehmen beziehungsweise erkennen können.

Es gibt unterschiedlich komplexe Erklärungen dieser Aussage, und wer Interesse hat, kann sich damit beschäftigen (Urgyen 2003). Auch wenn man die Idee der Gotteskindschaft oder der Buddha-Natur intellektuell *versteht* und *akzeptiert*, bedeutet das noch lange nicht, dass man darauf *vertraut*. Doch das ist wesentlich. Mein Zugang zu solchen Aussagen ist schlicht. Mich inspirieren sie mehr als die Aussage platter Darwinisten, die behaupten, Menschen seien bloß »Affen mit Tischsitten«, Primaten mit ein paar Schichten kulturellen Firnis. Oder bloß von Hormonen und Überlebenswillen getriebene biochemische Maschinen. Ich halte es für sehr unwissenschaftlich, nur das für wahr zu halten, was der begrenzte und häufig frustrierte Verstand intellektuell versteht, und darüber die vielen Wunder der Natur zu ignorieren oder zu vergessen, die uns Tag für Tag blühen.

Wie auch immer: Seit ich so lebe, *als ob* alle Wesen Buddha-Natur hätten oder alle Menschen Kinder Gottes seien, ist mein Leben leichter geworden. Der Als-ob-Ansatz kann dann zu konstruktivem Verhalten inspirieren, wenn wir wissen, dass wir nicht wissen, ob es so ist. Auch Demokratie funktioniert ja nur dann einigermaßen, wenn wir darauf vertrauen, dass alle Menschen potenziell vernünftig sind. Auch Immanuel Kant empfiehlt, so zu leben, als ob alle Menschen Vernunft besäßen, und war sich dabei sehr klar, dass das keine beobachtbare Tatsache ist und er es auch nicht beweisen könne. Daher empfahl er die Gesetze des Staates so zu fassen, dass auch »krummes Holz« gerade werden kann. Das heißt, dass auch unvernünftige Menschen mit der Zeit vernünftig werden können.

Merksätze

- Wenn wir leben, als ob alle Menschen in ihrer Tiefendimension vernünftig und weise und Kinder Gottes wären und Buddha-Natur besäßen, würden wir leichter und zuversichtlicher leben. Staunen über die Wunder der Natur und des Lebens kann ein Tor sein zu tiefem Vertrauen in die Intelligenz des Lebens und zu einer nicht begründbaren Zuversicht.

Vier Schleier

Erster Schleier, vor Buddha-Natur: Weil wir nicht wissen, dass wir alle potenziell erwachen können, dass wir aus einem Urgrund von Weisheit geboren sind, haben wir diffuse Ängste.

Wir sind existenziell verunsichert und wissen nicht, was das Leben soll. Wenn man Angst hat, will man an irgendetwas festhalten, und so greift unsere Lebensenergie nach dem Einzigen, was wir »haben«, nach Erfahrungen. Das führt zum *zweiten Schleier*, dem *Schleier der dualistischen Sicht*, dem Glauben an übertriebene Getrenntheit. Wir glauben sozusagen an den deutschen Hauptsatz: Da ist ein Subjekt, nämlich »ich«, was auch immer das genau ist, und dann gibt es »Objekte«, nach denen ich greifen oder die ich abwehren muss, damit ich überleben kann. Die buddhistische Tradition nennt die ersten beiden Schleier auch *dualistische Sicht* oder kognitive Verdunklung. Die nächsten beiden Schleier befassen sich dann mit dem, was daraus folgt: *dualistisches Handeln* beziehungsweise emotionale Verdunklungen.

Die Literatur des späten 19. und der ersten Hälfte des 20. Jahrhunderts ist voll von Beschreibungen diffuser Ängste und einer existenziellen Entfremdung. Und sie atmet die Verzweiflung einer metaphysischen Obdachlosigkeit. Dieses Lebensgefühl scheinen die beiden ersten Schleier sehr genau zu beschreiben und zu erklären: Wir haben unser Gottvertrauen verloren und fühlen uns fremd in der Welt, ohne Perspektive und Sinn.

Der *dritte Schleier*, der *Schleier der ungültigen Konzepte und reaktiven Emotionen*, beschreibt, wie überzogene Erwartungen und reaktive Emotionen zusammenhängen. Wir haben kein tiefes Vertrauen ins Leben (erster Schleier), fühlen uns übertrieben getrennt von den anderen und der Welt (zweiter Schleier) und entwickeln dann zur Absicherung Vorstellungen über uns, die anderen und die Welt. Vorstellungen und Konzepte wollen und sollen das Leben vereinfachen und Orientierung bieten. Das tun sie, solange wir wissen, dass es Vorstellungen sind, und solange sie einigermaßen funktionieren. Das nennt die buddhistische Logik gültiges Erkennen oder ein gültiges Konzept: Wir wissen, es ist bloß eine Arbeitshypothese oder ein Modell, und es funktioniert gut genug.

Wenn wir aber vergessen oder ignorieren, dass wir mit Vorstellungen hantieren, kann es schnell passieren, dass unsere Erfahrungen nicht zu unseren Vorstellungen passen oder ihnen widersprechen. Und genau da setzt die Sucht nach reaktiven Emotionen ein und begründet so ihre Macht. Wenn wir mit *ungültigen Konzepten* durchs Leben gehen, erleben wir häufig Enttäuschungen. Ungültiges Erkennen oder ungültige Konzepte sind zumindest in Nachhinein einfach zu erkennen. Wir haben nicht bemerkt, dass wir ein Konzept hatten, und es hat nicht funktioniert. Dann werden wir wütend oder fühlen uns ohnmächtig und reagieren mit eingefahrenen emotionalen Mustern, denn diese funktionieren gerade dann am besten, wenn wir nicht mehr weiterwissen. Beides zusammen, ungültige Konzepte und reaktive Emotionen, bilden den dritten Schleier.

In einfachen Situationen können wir uns meist auf bewährte Vorstellungen und konventionelle Abläufe verlassen. Sobald eine Situation komplexer ist oder etwas Unvorhergesehenes geschieht, wäre es allerdings sehr günstig, wenn wir unsere Vorstellungen als Vorstellungen, als Modelle und Arbeitshypothesen erkennen würden. Dann wären wir vermutlich bereit, die Situation genauer anzuschauen und auf den Rat anderer zu hören. Wir würden mit Problemen rechnen und wären weniger enttäuscht.

Wenn wir 1. aus mangelndem Vertrauen ins Leben und 2. aus existenzieller Verunsicherung 3. an ungültigen Konzepten und Vorstellungen festhalten, die dann nicht funktionieren, sind wir enttäuscht und reagieren mit eingefahrenen emotionalen Mustern. Wenn uns das auch nicht die ersehnte Sicherheit bringt, wiederholen wir 4. einfach unser Verhalten so lange, bis wir es für normal halten. Wir misstrauen dem Leben, der Welt und den anderen, entwickeln rigide Vorstellungen und reaktive Emotionen und tappen immer wieder in die gleichen Fallen. Das nennt der Buddhismus *samsara*, den Kreislauf der sich ständig wiederholenden Probleme. Ein anderer Name für den dritten Schleier ist *Schleier der Kleshas*, zu dem sowohl die ungültigen Konzepte als auch die reaktiven Emotionen gehören, und der vierte wird auch *Schleier des Karma* genannt, und Karma bedeutet hier schlicht gewohnheitsmäßiges Handeln.

Ich schätze Ansätze und Erklärungen wie die Vier Schleier, weil sie mit der Erklärung Wege zeigen, wie wir uns und die Welt besser verstehen und konstruktiver mit Herausforderungen umgehen können. Die Empfehlung ist einfach und schlicht. Wenn wir *ent*täuscht sind, haben wir uns *ge*täuscht. Hinter jeder Enttäuschung steht eine Täuschung. Darauf weist uns schon der anschauliche Begriff *Ent*-täuschung hin. Wenn wir enttäuscht sind, können wir die Täuschung hinter der Enttäuschung suchen und so das ungültige Konzept entdecken, das uns in die Irre geführt hat.

Nach diesem Ansatz entstehen schwierige Gefühle durch nicht erkannte überzogene oder unrealistische *Erwartungen*. Wir erwarten naiv von der Welt, dass sie nach unserer Pfeife tanzt oder dass sich alle Menschen so verhalten, wie wir es gerne hätten. Wir können unsere Enttäuschungen minimieren, wenn wir unsere Erwartungen anhand unserer Erfahrungen überprüfen und korrigieren. Oder uns so verhalten, dass andere Leute gerne mit uns zusammenarbeiten, um die Welt so zu verändern, wie wir es gerne hätten. Allerdings brauchen wir dazu viel Vertrauen ins große Ganze und zu anderen Menschen, jede Menge gültiger Konzepte und viele himmlische Gefühle. Auch Befürchtungen sind Täuschungen im Sinne unrealistischer Erwartungen. Wir sehen die Welt zu schwarz, und auch damit sind weitere Enttäuschungen programmiert, denn wir übersehen und ignorieren die kleinen Freuden des Alltags und die kleinen netten Gesten unserer Mitmenschen.

Merksätze

- Hinter jeder Enttäuschung steht eine Täuschung.
- Gültige Konzepte sind Arbeitshypothesen, die wir als solche erkennen, und – sie funktionieren häufig und führen nicht zu Enttäuschungen.
- Ungültige Konzepte bemerken wir meist nicht, denn wir halten sie für ein realistisches Bild der Wirklichkeit. Manchmal funktionieren sie ganz gut, aber wenn sie nicht funktionieren, sind wir enttäuscht.

Ohne Vertrauen in die grundlegende Gutheit von uns und der Welt fühlen wir uns übertrieben getrennt und entwickeln unrealistische Vorstellungen und verteidigen sie mit reaktiven Emotionen und eingefahrenem Verhalten und drehen uns im Kreis sich ständig wiederholender Probleme.

Mit Vertrauen ins große Ganze und dem Gefühl der Zugehörigkeit und Verbundenheit mit allen und allem fassen wir Mut und Zuversicht. Dann können wir unsere Vorstellungen hinterfragen und überprüfen und mit gültigen Konzepten und einer freundlichen, mitfühlenden, dankbaren und gelassenen Haltung das Beste aus unseren Erfahrungen machen. Für uns und alle Beteiligen.

Drei Grundübungen

Suche die Täuschung hinter der Enttäuschung

- Denken Sie an eine Begegnung, die Sie enttäuscht hat. Suchen Sie die Täuschung hinter der Enttäuschung. Was haben Sie erwartet? Von den anderen? Von sich selbst? Waren diese Erwartungen realistisch? War Ihnen klar, dass Sie eine bestimmte Vorstellung hatten? War es ein gültiges Konzept? Hat es funktioniert?

- Spielen Sie die Situation noch einmal durch und verändern Sie Ihre Erwartungen, im Wissen, Sie handeln auf der Grundlage einer Arbeitshypothese. Vielleicht verändert sich etwas.

Aufhänger, Stimmung, Hintergrund: Warum und wozu?

- Denken Sie an eine Aufgabe, die etwas anstrengend war, die Sie aber geschafft haben. Worum ging es? Um welches Anliegen? Kurzfristig? Langfristig? Ging es um Verstehen? Zum Wohle anderer?
- Denken Sie an eine bestimmte dafür typische Situation und schauen Sie sie genauer an. Was war der Anstoß oder *Auslöser* für diese Aufgabe? In welcher *Verfassung* waren Sie unmittelbar, bevor Sie sie übernommen haben? In welcher Verfassung waren Sie häufig während dieser Arbeit? Was haben Sie *erwartet*? Von sich? Von der Aufgabe? Von anderen, die daran direkt oder indirekt beteiligt waren? Waren diese Erwartungen realistisch? Welche alten *Muster* wurden aktiviert?
- Ziehen Sie ein *Fazit:* Was hat Ihnen diese Aufgabe gegeben? Welche Folgen hatte sie für andere?

Schwierige Gefühle annehmen

- Denken Sie an einen *kleineren* Konflikt, an eine Situation, in der Sie sich geärgert haben. Formulieren Sie das Problem in *einem Satz:* »Du bist immer unpünktlich. Du bist unklar …«
- Welches Gefühl steht bei Ihnen dahinter? »Ich fühle mich unsicher, ohnmächtig …« Wo spüren Sie das Gefühl im Körper? Bleiben Sie bei den weiteren Fragen mit einem Teil der Aufmerksamkeit bei diesen Körperempfindungen.

- Fragen Sie sich: »Was braucht dieses Gefühl?« Aufmerksamkeit? Anerkennung? Will es gehört werden? Raum …? Geben Sie dem Gefühl alles, was es braucht. Sagen Sie sich nach zwei, drei Minuten: »Das ist ein Gefühl von vielen, das ich im Laufe eines Tages spüre.« Zum Abschluss fragen Sie sich: »Welche Sehnsucht steht hinter meinem Gefühl?« Die Sehnsucht nach einer heilen Welt? Der Wunsch, bedingungslos geliebt zu werden?

Wer bin ich und wer will das wissen?

Wie wir uns *fühlen*, hängt in hohem Maße damit zusammen, wie wir uns *sehen* und was wir von uns *erwarten*. Wer bin ich? Diese Frage stellen wir uns in ruhigen Zeiten selten oder nie, wenn alles so läuft wie erwartet. In Umbruchzeiten, wie zum Beispiel in der Pubertät oder in Lebenskrisen, während oder nach einer Trennung, einer Krankheit oder einem Verlust drängt sich diese Frage auf, weil uns die selbstverständliche Sicherheit des Alltags verloren geht. Fühlen wir uns sicher und geborgen in vertrauten Zusammenhängen, mit Menschen und Orten, in Beruf und mit geteilten Werten, gibt es eine alltagstaugliche Identität, die wir selten hinterfragen und auch nicht besonders betonen und zur Schau stellen müssen. In stabilen Zusammenhängen können wir uns alleine und mit anderen zusammen freuen, wir bewältigen unseren Alltag und finden unser Leben sinnvoll. In Krisen fühlen wir uns unsicher, und schwierige Gefühle machen uns das Leben schwer.

Ich habe Ihnen bereits zwei Modelle aus der buddhistischen Tradition vorgestellt, die fünf Skandhas und die Vier Schleier, die den komplexen Prozess dessen beschreiben, was wir naiv als »Ichgefühl« erleben. Jetzt möchte ich zwei einfache Modelle aus unserer Zeit vorstellen: die fünf Säulen des Lebens aus der Soziologie und die fünf Dimensionen des Ichgefühls aus dem buddhistischen Mahayana, wie sie ein junger tibetischer Lama heute zusammenfasst. Sie scheinen mir sehr geeignet, typische Lebenskrisen unserer Zeit mit den damit einhergehenden emotionalen Verwirrungen und Ängsten besser zu verstehen. Beide Modelle zeigen zugleich Ansätze, wie wir mit Unsicherheit und Sorgen konstruktiv umgehen können.

Fünf Säulen des Lebens

Die Soziologie spricht von fünf Säulen des Lebens: 1. Beziehungen, das heißt Zweierbeziehung, Familie, Nachbarn und Freunde, 2. Wohnort im Sinne von einem Zuhause, 3. Beruf und Arbeitsplatz, 4. religiöse oder weltanschauliche Anbindung und 5. Gesundheit. Jede Person wird diese fünf Säulen anders gewichten, sie scheinen aber für alle Menschen zentral für ein gutes Lebensgefühl zu sein. Ist eine dieser fünf Säulen gefährdet oder verändert sich etwas Wesentliches in einem Bereich, können wir das im Allgemeinen ganz gut bewältigen. Beginnen zwei oder mehr Säulen zu bröckeln, wird das Leben schwierig. Wenn wir umziehen *und* die Arbeit verlieren, krank werden *und* uns in einer Trennung befinden, können wir leicht den Mut verlieren. Wir fühlen uns dann ohnmächtig und hilflos und werden je nach Temperament und Einstellung depressiv oder wütend und aggressiv.

Es gibt immer mehr Menschen, bei denen diese Säulen eher antiken Ruinen ähneln. Sie tragen nur noch sehr bedingt. Und daher steigt die Anzahl der Menschen, die unglücklich und frustriert sind und die dann anfällig werden für Alkohol und Drogen, Arbeitssucht oder – populistische Parteien. Es gehört aus meiner Sicht auch zur Aufgabe von Politik und Zivilgesellschaft, sich über die Bedeutung dieser fünf Säulen Gedanken zu machen und aus Verantwortung für die *ganze* Gesellschaft Angebote zu machen, die Menschen helfen, eine relative Stabilität im Alltag zu finden.

Wenn wir das Zerbrechen der Säulen des Lebens nur *uns selbst* zuschreiben, *überfordern* wir uns, schämen uns oder entwickeln Schuldgefühle. Dann strengen wir uns manchmal noch mehr an und überfordern uns noch mehr. Das ist ein Teufelskreis, der sicherlich zu dem so häufig diagnostizierten Burnout-Syndrom beiträgt (Wetzel 2014, 2017). Wenn wir unseren Anteil daran ignorieren, schreiben wir die Schuld anderen zu und werden anfällig für Schwarzmalerei und allzu einfache Welterklärungen, für populistische Parteien, Verschwörungsfantasien, Fremdenfeindlichkeit und so weiter. Weder Überforderung noch Schwarzmalerei, weder Schuldgefühle noch Schuldzuweisungen zeigen uns konstruktive Alternativen für unser angeschlagenes Selbstwertgefühl und für ein kluges Umgehen mit schwierigen Gefühlen.

Das Modell der fünf Säulen will einerseits zeigen, dass schwierige Gefühle nicht nur unser *persönliches* Problem sind, sondern in einem *sozialen* Kontext entstehen. Sie sind ein Hinweis darauf, dass uns lebenswichtige Bedingungen fehlen. Und das Modell will uns andererseits Mut machen, uns um die Bereiche zu kümmern, auf die wir Einfluss haben. Und wir haben immer mehr Einfluss, als wir denken, vor allem dann, wenn wir uns nicht nur auf uns selbst, sondern auch auf andere verlassen wollen und können.

Ich werde es in diesem Buch immer und immer wieder betonen: Wir brauchen andere Menschen wie die Luft zum Atmen.

Wir müssen unsere Beziehungen pflegen, denn vertraute Beziehungen mit Kontinuität sind eine der wichtigsten Ressourcen in schweren Zeiten. Sie helfen uns konkret, durch Gespräche und praktische Unterstützung, und stärken uns auch dann den Rücken, wenn sie gerade nicht erreichbar sind. Sie fördern Zuversicht und tragen damit auch zu unserer Gesundheit bei. Denn wir wissen: Wir sind nicht allein.

Auch wenn wir unsere Arbeit verloren haben und auf staatliche Unterstützung angewiesen sind, können wir uns in zivilgesellschaftlichen Projekten engagieren. Dann erleben wir, dass unsere Fähigkeiten gebraucht werden. Das ist für viele Menschen wichtiger als das Geld, das sie durch ihre Berufstätigkeit verdienen.

Merksätze

- Wir brauchen andere Menschen wie die Luft zum Atmen.
- Persönliche Probleme entstehen in einem sozialen Kontext.
- Niemand ist schuld an unseren Problemen.
- Wir müssen uns allerdings selbst und mithilfe von anderen um sie kümmern.

Reflexion

- Was sind die Säulen unseres Lebens? Heute? Wie sah das in Kindheit und Jugend aus? Vor zwanzig oder zehn Jahren? Was ist da? Was fehlt? Was kann ich von meiner eigenen Seite her tun oder lassen, um die für mich notwendigen Säulen des Lebens zu stärken? Welche Krisen haben wir überlebt, wer hat uns dabei unterstützt und was hat uns dabei geholfen?

Fünf Arten des Ichgefühls

Die tibetische Tradition beschreibt fünf Arten von Ichgefühl: das bloße Ich und vier Arten der Fixierung, die uns einengen und das Vertrauen in unsere innere Weisheit blockieren: das bloße Ich, das verfestigte Ich, Stolz auf das verfestigte Ich, das soziale Ich und schließlich das heilige Ich. Wir können bei Enttäuschungen innehalten und diese Fixierungen erkennen lernen, begreifen, wo wir gerade feststecken, und uns darin üben, immer wieder zum bloßen Ich zurückzukommen.

1. Das *bloße* Ich: Davon war schon die Rede. Es ist Ausdruck der tiefen Einsicht, dass das Ichgefühl kein fassbares festes Etwas ist, das wir schützen müssten, sondern ein Konzept, eine Idee, »eine bloße Benennung auf der Basis der fünf Skandhas«, der fünf Gruppen von Erfahrungen, die sich ständig verändern. (S. 20)

Mit dem bloßen Ich, einem lockeren, relativ entspannten Ichgefühl, geht ein bisschen Chaos einher, denn es ist im Fluss, es darf spielen und kann spontan sein. Das ist möglich, weil »es« die drei Daseinsmerkmale kennt und akzeptiert: Leiden, Unbeständigkeit und Unkontrollierbarkeit oder Nicht-Ich. Was bedeutet das? Wir begreifen, dass uns keine Erfahrung auf Dauer zufriedenstellt, weil alles, auch die schönste und erhebendste Erfahrung unbeständig und das Leben komplex ist. Niemand, nicht einmal der klügste und spirituellste Mensch, bekommt es je völlig in den Griff, auch kein Gott und kein Buddha. Leben ist einfach zu komplex für ein beständiges Dauerglück, und wir tun gut daran, das irgendwann einmal einzusehen und anzunehmen. Dann leben wir leichter und es gibt weniger Leiden und weniger schwierige Gefühle. Wenn gerade nichts Wichtiges geschieht, leben wir spontan und naiv im bloßen Ichgefühl. Wir laufen nicht die Treppe herunter und sagen uns ständig: »*Ich* gehe die Treppe hinunter.«

2. Das *verfestigte* Ich: Laufen die Dinge anders beziehungsweise schlechter, als wir uns das vorgestellt, erwartet oder genau geplant hatten, sind wir irritiert. Und dieses Gefühl der Irritation oder Enttäuschung, der Hilflosigkeit oder Wut verfestigt sich. Welche reaktive Emotion bei einer Enttäuschung auftaucht, hängt davon ab, wie wir gestrickt sind, wie wir »ticken«, das heißt letztlich, welche Muster wir lange und häufig eingeübt haben und die daher leicht abrufbar sind. Dann jault oder jammert eine Stimme in uns voller Empörung: »*Ich* bin traurig, wütend, enttäuscht. Das ist gemein! Warum immer *ich*?« Wir halten uns in diesem Augenblick für ein äußerst wertvolles Etwas, dem Leid zugefügt wurde.

Mit dieser Fixierung entgeht uns, dass das Gefühl der Enttäuschung *ein* Gefühl unter vielen ist, das wir im Laufe eines Tages erleben. Wir vergessen, dass wir trotz dieser unangenehmen Erfahrung viele gute Lebensbedingungen erleben, und zwar zur gleichen Zeit. Es ist zwar immer sinnvoll und notwendig, dass wir unangenehme Gefühle wahrnehmen und ihre Botschaft hören, dass gerade etwas nicht stimmt. Allerdings brauchen wir deshalb nicht gleich um unser Überleben zu fürchten, und das scheinen emotionale Reaktionen heutzutage häufig zu signalisieren. Da scheint etwas sehr Wesentliches zu fehlen, was uns auch in schwierigen Situationen Zuversicht schenkt.

Wir brauchen einen Hintergrund des *Wohlbefindens* und der *Sicherheit*, damit wir unsere Erwartungen erkennen und überprüfen und die Täuschungen hinter der Enttäuschung erkennen können. Erst dann sind wir in der Lage, unsere Erwartungen oder unser Verhalten zu verändern. Als Heilmittel für die Neigung, einzelne schwierige Erfahrungen zu verfestigen und aus einer Mücke einen Elefanten zu machen, gilt Innehalten und die tiefe Einsicht, dass alle Vorstellungen und Erwartungen

Arbeitshypothesen sind, die ihre Gültigkeit erst noch erweisen müssen. Reaktive Emotionen haben also viel mit starren Selbstbildern zu tun.

3. *Stolz* auf das verfestigte Ich: Unsere Probleme vervielfältigen sich, wenn wir Arroganz entwickeln und uns für etwas *Besonderes* halten. Wir sind einzigartig und besonders, aber alle anderen sind das genauso. Wir sind weder besser noch schlechter als andere, sondern einfach anders. Überheblichkeit kann sich auch als subtiles oder ausgeprägtes Minderwertigkeitsgefühl zeigen. Dann haben wir zum Beispiel das Gefühl, wir werden ganz besonders schlecht behandelt. Als Heilmittel gilt der Blick über den Tellerrand zu anderen Menschen. Wenn wir mitkriegen, dass es anderen Menschen ähnlich gut oder schlecht geht, kann sich das Festhalten an einem bestimmten übersteigerten oder wehleidigen Selbstbild etwas lockern. Wir müssen im konkreten Fall immer prüfen, was gerade unser Problem ist, ob wir uns über- oder unterschätzen, und dann das tun, was zu einer realistischeren Selbsteinschätzung beiträgt. Auch hier wird deutlich, dass wir regelmäßigen Kontakt mit anderen brauchen, denn wir sind nicht nur Individuen, sondern vor allem soziale Wesen.

4. Das *soziale* Ichgefühl: Trotz oder vielleicht gerade wegen der immer stärkeren Individualisierung scheint es eine immer größere Rolle zu spielen. Das hängt vermutlich mit der zunehmenden Instabilität unserer Beziehungen und unseres sozialen, beruflichen und regionalen Umfelds zusammen, das heißt mit der Instabilität der fünf Säulen des Lebens, über die ich im vorigen Abschnitt gesprochen habe. Wir sind immer von anderen abhängig, aber durch unsere sozialen Rollen erleben wir das besonders deutlich. Die Soziologie spricht schon lange davon, dass Identität im Zusammenspiel von innerer Selbstzuschreibung und Zuschreibung von außen entsteht (Erikson 1987).

Seit dem Ende der Ständegesellschaft, in der alle Menschen, selbst Bettler und Kranke, ihren mehr oder weniger festen Platz hatten, haben wir einerseits mehr Freiheit und sind nicht mehr so stark an Herkunft, Schicht, Beruf, Geschlechterrollen und so weiter gebunden, andererseits gibt es weniger Orientierung und Stabilität in sozialen Rollen. Die riesige Auswahl an beruflichen Möglichkeiten und sozialen Rollen überfordert viele Menschen und trägt zur Verunsicherung und zu schwierigen Gefühlen bei (Illouz 2016).

Wenn wir uns spielerisch mit anderen messen, entdecken wir die produktive und sportliche Seite von Wettbewerb und können sie genießen. Das ist die ursprüngliche Bedeutung von Konkurrenz, lat. *concurrere*, zusammen laufen, ein spielerischer Wettkampf. Das kann inspirieren und beflügeln.

Wenn es ständig Spannungen zwischen dem bloßem Ich und dem sozialen Ich beziehungsweise dem Rollen-Ich gibt, leiden wir, denn wir fühlen uns unter Druck, überfordert und angespannt. Sind wir sehr anfällig für Vergleiche und Konkurrenz, sollten wir uns gezielt Möglichkeiten zu einem unbeschwerten Zusammensein mit anderen suchen. Gemeinsame Hobbys und zweckfreies Spielen entlastet und beruhigt. Eigentlich sind Freizeitaktivitäten und Vereinsaktivitäten so gemeint. Sie können uns die Gelegenheit bieten, Rollen auszuprobieren und Verantwortung zu übernehmen und auch wieder loszulassen. Sie sollten nicht die Fortsetzung des Leistungsprinzips mit anderen Mitteln sein.

4. Das *heilige* Ich: Wenn alle bisher genannten Arten der Verfestigung des Ichgefühls nicht die Sicherheit und Stabilität bringen, die wir uns von ihnen erhoffen, haben manche Menschen eine grandiose Idee. Sie lehnen das weltliche Leben mit seinem Leistungs- und Konsumdenken ab und widmen sich einem spirituellen Weg. Wenn wir mithilfe von Meditation und

Religion die Anerkennung bekommen wollen, die uns das weltliche Leben nicht geben will, dann werden wir scheitern. Denn der spirituelle Weg ist dazu gedacht, dass wir das Zusammenspiel von inneren und äußeren Bedingungen genauer beobachten, die tiefe Verbundenheit von allem mit allem und die Relativität unserer Vorstellungen und Erwartungen erkennen und sie lockern.

Es geht darum, Fixierungen zu erkennen und zu lockern und mit der Zeit das unerschütterliche Vertrauen ins Leben zu entdecken, das aufscheint, wenn wir uns weniger mit egozentrischen Selbstbestätigungsspielen beschäftigen. Um das eigene Verhalten genau beobachten und hinterfragen zu können, braucht man allerdings viel Zeit und Geduld und meist auch eine einigermaßen kompetente Begleitung, sonst gerät man leicht in die Falle des Grübelns und der Selbstvorwürfe. Auch mit Begleitung ist Selbsterkenntnis vielen Menschen zu anstrengend. Sie verfestigen lieber metaphorische Aussagen über Buddha-Natur und ewige Seele, nehmen Gleichnisse und Symbole wörtlich und glauben felsenfest an eine mit dem Verstand fassbare Buddha-Natur und an eine gute ewige Seele, die sie sicher führt und ihnen genau das gibt, was ihnen fehlt. Sie bemerken leider nicht, dass auch das nur Vorstellungen und Konzepte sind, die auf eine Dimension hinweisen, die der Verstand nicht fassen kann.

Solange wir uns mit einer bestimmten heiligen oder spirituellen Identität abgrenzen gegen den dummen Rest der Welt, gegen die nichtspirituellen weltlichen Menschen, die sich bloß um ihre kleinen Angelegenheiten kümmern, werden wir immer wieder enttäuscht werden, wenn die dummen anderen unsere wahre und gute Heiligkeit nicht anerkennen. Und wir werden vermutlich sehr enttäuscht sein, wenn wir trotz unserer Heiligkeit krank werden und nicht mit dem Leben klarkommen.

Der Buddhismus hält es für den Gipfel der Egozentrik, wenn wir an ein einzigartiges, unabhängiges und ewiges Selbst oder eine unsterbliche Seele glauben, die uns, ohne eigene Einsicht und ohne eigenes Bemühen, wahren Frieden jenseits dieser bösen Welt schenken soll. Hinter diesem religiösen Konzept steht meist ein ernsthafter Wunsch nach Frieden, der allerdings nicht durch schöne Gedanken zu erlangen ist, sondern nur durch geduldiges Bemühen um Selbsterkenntnis, um eine freundliche Einstellung zu uns und anderen und um ein möglichst ethisches Verhalten. Dadurch lernen wir mit der Zeit, auch mit schwierigen Erfahrungen immer klüger umzugehen. Das wird möglich im Vertrauen auf die Weisheit, die uns alle trägt, die wir aber nie fassen können. Aus Sicht des Buddhismus dient die Rede von Buddha-Natur als Hinweis, auf die Stimme der Weisheit in uns und anderen zu hören. Sie äußert sich auch und vor allem in unangenehmen Gefühlen und weist uns auf überzogene Erwartungen und ungültige Konzepte hin. Läuft alles gut, denken wir selten über unser Befinden und unsere Gefühle nach. Solange mein kleiner Finger nicht weh tut, bemerke ich ihn nicht.

Wenn wir auf die Stimme der Weisheit hören und unsere Erwartungen und Vorstellungen überprüfen und in rechter Weise prüfen, wird sich das als Alltagsklugheit, Freundlichkeit, Freude und Dankbarkeit, Mitgefühl und Gleichmut oder heitere Gelassenheit zeigen. Und zwar mitten im Alltag, auch in schwierigen Situationen, im Streit und im Unglück. Das ist zumindest die Vision des Mahayana. Dass wir das nicht von heute auf morgen lernen, wenn wir einmal davon gehört haben, liegt auf der Hand. Ich kann Ihnen aber versichern, es ist möglich, im Auf und Ab des Lebens von seinen Gefühlen und Emotionen zu lernen und die Täuschungen hinter den Enttäuschungen zu finden und zu korrigieren.

Reflexion

- Wie häufig fühlen wir uns im Fluss des Lebens? Welche Bedingungen sind dabei hilfreich? Welche Verfestigung spielt eine wichtige Rolle: Erfahrungen festhalten? Stolz auf bestimmte Erfahrungen? Die soziale Identität? Der Glaube an ein wahres Selbst, das uns leitet und beschützt?

Reaktive Emotionen

Auch wenn wir hoch motiviert sind, bei Konflikten und schwierigen Gefühlen zwei- oder dreimal hinzuschauen und unsere Erwartungen und Ansprüche zu überprüfen, gelingt uns das häufig nicht. Was dann geschieht, kann man unterschiedlich erklären, mit biologischen oder psychologischen Mechanismen. Ich stelle hier drei bekannte Ansätze vor: einen *biologischen* und zwei *psychologische*, denn manchmal inspiriert mich der eine und manchmal der andere mehr dazu, mich etwas zu beruhigen, eine unangenehme Erfahrung genauer anzuschauen und – die Perspektive zu wechseln.

Der *biologische* Ansatz. Dass wir uns in schwierigen Situationen manchmal suboptimal verhalten, ist einem biologischen Mechanismus geschuldet, der unseren Vorfahren beim Überleben geholfen hat. Wenn der Boden unter unseren Füßen wegrutscht, alle Stricke reißen und wir nicht weiterwissen, schaltet unser System auf Autopilot, und wir tun automatisch einfach das, was wir am besten können: Wir entscheiden nach Vorlieben und Abneigung, und wenn es ganz schlimm kommt, greifen wir an, fliehen oder stellen uns tot.

Angst und Wut als sekundäre Emotionen

Der *erste psychologische* Ansatz: Man kann zwei sehr häufig auftretende schwierige Gefühle, Angst und Wut, als *sekundäre* Emotionen interpretieren, die aktiviert werden, wenn zwei Überlebensstrategien scheitern (Levine 2012). Dass wir allerdings schon bei einer unfreundlichen Bemerkung oder einer Zugverspätung von zehn Minuten wütend oder ängstlich werden können, scheint mir etwas seltsam. Ich verstehe es besser, wenn ich mir klarmache, dass viele Menschen das Grundgefühl der Sicherheit und Geborgenheit gar nicht mehr kennen. Woran das liegen könnte, werde ich im zweiten Teil unter dem Stichwort Zeitgeist, Postmoderne und so weiter besprechen. Nun zum Entstehen von Wut und Angst.

Ärger und Wut: Wenn wir vor einer Herausforderung stehen, überlegen wir bewusst oder unbewusst, ob wir uns ihr gewachsen fühlen. Sind wir der Meinung, wir können sie annehmen, dann überlegen wir, was wir tun müssen und was nicht, und setzen klare Grenzen. Wenn uns das gelingt, packen wir unsere Aufgabe an, freuen uns und werden nicht wütend. Wenn wir uns aber falsch einschätzen, unseren Standpunkt nicht klar formulieren können oder er von den anderen Beteiligten abgelehnt wird, fühlen wir uns überfordert und für einen Moment ohnmächtig und hilflos. Dann schaltet unser System um auf Ärger und Wut. Die These ist: Wir werden erst dann wütend, wenn wir keine klaren Grenzen setzen können oder unser Versuch, das zu tun, scheitert. Wir können mithilfe meditativer Übungen lernen, uns realistischer einzuschätzen, unseren Standpunkt klar zu formulieren und frühe Symptome von Ärger und Wut zu erkennen. Meist haben wir dann noch einen gewissen Spielraum für ein in der jeweiligen Situation angemessenes Verhalten. Das ist zumindest meine Erfahrung.

Angst: Wenn wir bei einer Herausforderung zur Einschätzung kommen, dass wir der Aufgabe nicht gewachsen sind, flüchten wir, innerlich oder äußerlich. Wir klinken uns aus einer Arbeitsbesprechung oder einem schwierigen Gespräch aus, sagen nichts auf die Frage: »Wer übernimmt das?« oder verlassen unter einem Vorwand den Raum. Wenn uns diese Art von Flucht gelingt, freuen wir uns und fühlen uns gut. Wenn unsere Flucht aber scheitert, weil wir uns, vielleicht aus Angst vor Ablehnung, doch zu etwas überreden lassen, was wir nicht wollen, oder wir stark unter Druck gesetzt werden, bekommen wir Angst.

Angst und Wut sind sehr wertvolle sekundäre Emotionen, denn sie weisen uns auf unklare Grenzen hin und auf die mangelnde Fähigkeit, unseren Standpunkt klar und selbstbewusst zu vertreten. Das können wir uns allerdings auch nur dann leisten, wenn wir akzeptieren können, dass auch wir nicht alles im Griff haben und Misserfolge verkraften können (Kast 2012).

Das eine sind Angst und Wut, die in der direkten Begegnung mit Menschen aus unserem Umfeld entstehen. Jetzt gibt es aber auch Angst und Wut, die aus unsicheren sozialen und politischen Verhältnissen entstehen. Darauf gehe ich im zweiten Teil ein, denn diese kulturellen Formen von Wut und Angst können wir mit meditativen Methoden allein nicht auflösen. Eine realistische Selbsteinschätzung, die Fähigkeit, die eigenen Standpunkte zu hinterfragen und Menschen, die anderes denken und fühlen, ernst zu nehmen und respektvoll mit ihnen zu reden, sind allerdings unverzichtbar für ein konstruktives Miteinander in Umbruchzeiten. Und in dem Sinne können uns meditative Übungen helfen, die Voraussetzungen für ein konstruktives Miteinander zu schaffen.

Reflexion

- Können wir gut Grenzen setzen? In welchen Situationen fällt uns das schwer? Was hilft uns, klare Grenzen zu setzen? Welche Strategien sind uns vertraut? Angriff, Flucht? Wut, Angst? Totstellen?

Drei Ich-Perspektiven

Der *zweite psychologische* Ansatz, die Transaktionsanalyse, hat sich sehr bewährt und wird in vielen Psychotherapien verwendet. Er unterscheidet drei unterschiedliche Ichs: Kindheits-Ich, Eltern-Ich und erwachsenes Ich (Harris 2007). Da ich auch durch meine Wortwahl immer wieder darauf hinweisen will, dass das Ichgefühl kein substanzielles Etwas ist, sondern eine mehr oder weniger angemessene Vorstellung, die auf vielen komplexen Erfahrungen beruht, spreche ich lieber von drei unterschiedlichen Perspektiven, der kindlichen Perspektive, der Eltern- oder Über-Ich-Perspektive und der erwachsenen Perspektive. Wir nehmen sie je nach Situation ein und können sie auch wieder ändern, *falls* wir sie bemerken. Das gelingt aber nur, wenn wir das auch wollen und immer wieder *üben*, und auch dann klappt es nicht immer.

Sind wir irritiert oder müde, unsicher oder wütend, neigen wir dazu, die Situation aus einer kindlichen oder Eltern-Perspektive zu betrachten und uns auch entsprechend zu fühlen und zu handeln. Wenn wir *bemerken*, wer gerade aus unserem Fühlen und Verhalten spricht, haben wir bereits in die erwachsene Perspektive gewechselt. Dann können wir aus der erwachsenen Perspektive die Situation realistischer betrachten, besser einschätzen und zwischen den unterschiedlichen Haltungen moderieren lernen. Wir können das »innere Kind« trösten und beruhigen und die Über-Ich-Stimmen mit ihrer großen Lebenserfahrung anerkennen, aber auch darauf hinweisen, dass wir Dinge jetzt anders machen als früher. Es trägt sehr zu einem realistischen Selbstbild bei, wenn wir diese beiden Stimmen achtsam und freundlich zur Kenntnis nehmen und sie auch würdigen, denn sie teilen uns sehr deutlich mit, dass wir nicht immer in der gleichen Verfassung sind, belastbar und topfit, unerschrocken und »unkaputtbar«, differenziert und gelassen, fantasievoll und neugierig, wie wir das gerne hätten.

Perspektivenwechsel

Wir können also, wenn wir emotional aufgeregt sind und unangenehme und schwierige Gefühle erleben, mit zwei einfachen Fragen die *Perspektive wechseln* und aus einer emotional verfahrenen Situation herausholen. Wir fragen: »*Wie alt* bin ich gerade?« oder: »*Wer* spricht?«

Aus der kindlichen Perspektive suchen wir nach Mama, die uns beschützen oder retten soll. Wir wollen unsere Emotionen unbedingt eins zu eins ausagieren, ohne Rücksicht auf die Folgen. Kleine Kinder können sich meist erst ab dem Alter von sieben Jahren in andere hineinversetzen und die Folgen ihres Handelns abschätzen. Viele Erwachsene scheinen bei Irritationen und in unerwarteten Situationen häufig im Kleinkind-Modus zu agieren, nach dem Motto: »Ich will alles, und zwar sofort«, und ohne Rücksicht auf die Folgen, naiv und primärprozesshaft, egozentrisch und voller Angst, wenn etwas schiefgeht. Eine Variante der kindlichen Perspektive ist der pubertäre Widerstands-Modus, mit dem manche junge und ältere Wutbürger mit großer Rücksichtslosigkeit und starker moralischer Empörung ihre absoluten und unfehlbaren Forderungen vertreten und alle Angebote auf Vermittlung als faule Kompromisse ablehnen.

Die positiven Seiten des kindlichen Modus sind unerschrockene Neugier, ein gewisser naiver anrührender Charme, blühende Fantasie und ansteckende Direktheit. Und die positive Seite des pubertären Modus ist ein starkes moralisches Gefühl und die Bereitschaft, für die eigenen Werte etwas zu riskieren. Beiden fehlt allerdings die Fähigkeit, andere Perspektiven als berechtigt zu erkennen und ernst zu nehmen und sich auf das mühsame Geschäft des Aushandelns einzulassen. Wenn ich mich in manchen Stimmungen frage, wie alt ich gerade bin, holt mich das meist sofort aus meiner Empörung oder Wut heraus, denn ich bemerke sofort, dass ich wesentlich jünger bin, als mein Geburtsdatum sagt.

Aus der Eltern- oder Über-Ich-Perspektive setzen wir auf Ordnung und bewährte Regeln, wir wissen Bescheid und wollen von neuen Ansätzen nichts wissen. Menschen, die die Welt häufig aus dieser Perspektive sehen, tragen die gesammelten Weisheiten und Dummheiten der Eltern und der Gesellschaft in sich. Aus der Perspektive sprechen wir vor allem im Modus des »sollte, hätte, wäre, müsste«. Wir wissen genau, wie es richtig geht und was »man« macht. Dieser Modus aktiviert besonders leicht Schuldgefühle, wir leben eher in der Vergangenheit, in irgendeiner nicht klar zu benennenden »guten alten Zeit«, und Sicherheit ist ein hoher Wert. Die guten Seiten dieser Haltung sind Vertrauen in bewährte und stützende Tradition und Konventionen und der Wunsch, Menschen vor Überforderung zu schützen und sie zu beschützen.

Aus der erwachsenen Perspektive schauen wir uns eine Situation genau an und machen das Beste daraus. Wir wissen, dass zum Leben auch Leiden gehört, weil es unbeständig und komplex ist und wir es nie völlig kontrollieren können. Wir rechnen mit Herausforderungen und Problemen, solange nicht alle Menschen erwachsen, austherapiert, verantwortungsbewusst und erwacht sind. Weil das eben so ist, hadern wir auch nicht wirklich mit den Problemen des Lebens.

Jede Gesellschaft braucht alle Arten von Menschen, und die kindlich jammernden und rebellischen widerständigen jungen Leute sehen oft Dinge, die vernünftige Erwachsene vielleicht aus den falschen Gründen irrelevant oder normal finden. Es gibt auch eine gute Art von konservativer Haltung, deren Anliegen das Bewahren, lat. *conservare*, dessen ist, was erprobt und für gut befunden wurde. Auch aus Jammern und Schimpfen und aus dem Festhalten am Bewährten spricht eine Weisheit, die den vernünftigen Menschen sagen will, dass das Leben eben nicht nur aus Vernunft besteht, Dinge sich verändern und verändern müssen und dass manche Ansprüche viele Menschen überfordern.

Merksätze

- Wenn wir aufgeregt, wütend oder empört sind, können wir sehr leicht die Perspektive wechseln, wenn wir uns fragen, *wer* da gerade spricht. Wir können als Erwachsene das »innere Kind« trösten oder die Ratschläge einer Autoritätsfigur freundlich zur Kenntnis nehmen und ihr mitteilen, dass wir ihre Lebenserfahrung schätzen, aber heute anders handeln wollen. Wir entdecken die Fülle des Lebens, wenn wir alle Stimmen in uns mit zärtlicher Achtsamkeit zur Kenntnis nehmen und von ihnen lernen, dass wir nicht immer topfit und leistungsfähig, offen und kreativ, einfühlsam und rücksichtsvoll sind, wie wir das gerne hätten oder wären.

Reflexion: Perspektivwechsel

- Denken Sie an einen Konflikt der letzten Tage oder Wochen, bis er ganz lebendig vor Ihrem inneren Auge steht. Dann fragen Sie sich: »Wie alt bin ich gerade? Wer spricht?« Trösten Sie Ihr inneres Kind oder sprechen Sie freundlich mit der Autoritätsfigur. Je nachdem, wer gerade aus Ihnen spricht.

3. Erwartungen, Enttäuschungen und Gefühle

Manche Gefühle sind uns besonders vertraut, weil sie uns schon das halbe oder ganze Leben plagen. Andere entstehen seltener und überraschen uns dann. Mit manchen können wir einigermaßen gut umgehen und an anderen verzweifeln wir schier. Wie entstehen sie und was wollen sie uns sagen?

Ich gehe davon aus, dass unsere Gefühle sehr viel mit unserem Blick auf uns selbst und auf die Welt zu tun haben. Sie weisen uns darauf hin, wenn wir wach und entspannt im Fluss des Lebens mitschwimmen, denn dann fühlen wir uns wohl und lebendig. Sie sagen uns aber auch, wenn etwas nicht stimmt. Wir können viel von unseren Grundgefühlen und den darauf folgenden reaktiven Emotionen lernen, wenn wir den Mut haben, sie zu spüren, und uns die Zeit nehmen, sie zu verstehen und das Beste daraus zu machen, je nachdem, was uns gerade möglich ist. Wir sind keine trivialen Maschinen, sondern hochkomplexe Systeme, und keine Technik kann uns eine komplette Übersicht oder vollständige Kontrolle über unsere vielfältigen Erfahrungen schenken.

Überlegungen, Techniken und meditative Methoden können im besten Fall ein geeignetes Setting schaffen, in dem wir uns einigermaßen wach und entspannt spüren, sehen und immer besser verstehen können. Auch da geht es nicht um ein vollständiges Erkennen und Verstehen. Es reicht, wenn wir so viel verstehen, dass wir mit dem Leben, mit uns selbst und mit unseren Mitmenschen einigermaßen gut klarkommen. Wir sollten immer mit Problemen rechnen, denn das Leben bleibt komplex, unbeständig und unberechenbar.

Natürliches und zusätzliches Leiden

Der Buddhismus beschreibt drei Daseinsmerkmale, drei Gesetze des Lebens: Leiden, Unbeständigkeit und Unkontrollierbarkeit. Wir können sie im Prinzip sehr leicht erkennen, und wir sollten sie auch berücksichtigen, wenn wir nicht mehr als nötig leiden wollen. Diese Einsicht kann überzogene und unrealistische Erwartungen an uns und andere lockern oder ganz auflösen, und dann gibt es weniger Enttäuschungen und schwierige Gefühle.

Manche Probleme und Schwierigkeiten gehören zum Leben. Sie sind zwar nach Meinung der meisten Menschen nicht »gerecht« verteilt, weil gute Menschen manchmal viel leiden und schlechte Menschen scheinbar ohne Grund wohlhabend, glücklich und gesund sind. Wenn wir auf die besseren Lebensumstände von anderen allerdings neidisch und eifersüchtig werden, leiden wir mehr, als wenn wir uns über ihr Wohlbefinden freuen. Wie wir klug mit der Erfahrung von Neid und Eifersucht umgehen können, zeige ich im dritten Teil.

Auch wenn die fünf Säulen des Lebens einigermaßen stabil sind, wir uns gesund ernähren, anständig verhalten und positiv denken, gibt es die Schmerzen der Geburt, wir können krank werden, wir werden älter und irgendwann sterben wir. Und genauso geht es unseren Mitmenschen, auch denen, die wir lieben und gerne um uns haben. Wir werden immer wieder Dinge und Menschen verlieren, die wir lieben, und nicht bekommen, was wir wollen, und bekommen, was wir nicht wollen. Und letztlich sind wir in keiner Situation völlig sicher vor Schwierigkeiten und Schmerzen. Diese acht Erfahrungen gelten im Buddhismus als *natürliche* Arten von Leiden, mit denen wir rechnen sollten. Wir können natürlich alles ethisch und sozial Vertretbare tun, um diese Arten des Leidens abzumildern Die westliche Gesellschaft hat viele Bedingungen geschaffen, die das Leben mit dem natürlichen Leiden leichter machen: Gesundheitsversorgung, Sozialstaat, Bildungsmöglichkeiten, bessere Arbeitsbedingungen in vielen Bereichen und so weiter.

Wir schaffen *zusätzliches* Leid, wenn wir die acht Arten des natürlichen Leidens nicht akzeptieren wollen, ignorieren oder sie als Strafe für irgendein fantasiertes falsches Verhalten interpretieren. Zusätzliches Leiden entsteht aber auch dadurch, dass wir von Staat und Regierung erwarten, dass sie für alle Menschen überall gleich gute Bedingungen schaffen, und zwar sofort und genau so, wie wir das richtig finden. In einer Demokratie leben bedeutet, dass wir das Recht und vermutlich auch die Pflicht haben, uns *einzumischen* und unseren Beitrag zur Schaffung guter Bedingungen für alle zu leisten. Denn Politik und Regierung sind – zum Leidwesen vieler – keine Service-Betriebe, die unsere Wünsche erfüllen sollen.

Wir können viele schwierige Gefühle verringern beziehungsweise teilweise auflösen, wenn wir annehmen lernen, dass natürliches Leiden zum Leben gehört, zu unserem Leben als Individuen in unserem privaten Bereich, aber auch zum Leben als Teil einer Gesellschaft, in der unterschiedliche Menschen versuchen, einigermaßen gut zusammenzuleben. Nicht nur im persönlichen Kontakt, auch in Gesellschaft und Politik ist eine erwachsene Haltung von Vorteil.

Ein *demokratisches* Zusammenleben funktioniert nur dann, wenn sich Erwachsene respektvoll und zuversichtlich über das Leben in der gemeinsamen Welt verständigen *wollen*. Demokratie klappt nicht besonders gut mit Menschen, die im Stil jammernder Kleinkinder erwarten, dass der Staat sich um alles kümmert, was sie nicht zustande bekommen, oder sich als Wutbürger vor allem auf das Dagegensein beschränken und keine konstruktiven Vorschläge machen wollen und können. Auch die sogenannten *autonomen* Bewegungen führen sich selten so auf, dass man ihre eigenen Gesetze, griechisch *auto nomos,* erkennen könnte, nach denen sie leben wollen, sondern sie drücken eher hilflos und frustriert ihre Wut aus und fügen vielen unbeteiligten Menschen Schaden zu, wenn sie zum Beispiel Anschläge auf den Nah- und Fernverkehr verüben.

Ich empfehle, immer wieder über die natürlichen Leiden des Lebens nachzudenken, solange wir bei Kräften sind und nicht erst, wenn wir vor lauter Leid fast zusammenbrechen. Und falls wir häufig über den Gang der Welt frustriert sind oder an politischem Weltschmerz leiden, können wir unsere eigene Liste von natürlichem und zusätzlichem Leiden zusammenstellen, das entsteht, wenn wir die wirtschaftlichen, sozialen und politischen Bedingungen betrachten. Ich denke da vor allem an: Ungerechtigkeit, die Schere zwischen Arm und Reich, die Habgier der Herrschenden, die Unfähigkeit von Oppositionsgruppen, sich zu verständigen.

Meine Wut und Empörung verringern sich aber schnell, wenn ich mir klarmache, wie viel Einsicht und Offenheit, Interesse, Freundlichkeit und Klugheit dazugehören und wie schwer es ist, sich nur im eigenen Umfeld und in der eigenen Region zusammenzusetzen und sich einigermaßen zivil zu verständigen; etwa bei Erbstreitigkeiten, bei Konflikten in und zwischen demokratischen politischen Parteien, im Freundeskreis, im Sport und in politischen Projekten und zivilgesellschaftlichen Gruppen.

Das *natürliche* Leid in Wirtschaft, Gesellschaft und Politik entsteht als Folge von *Verhalten*, das aus Gier, Hass und Verblendung der Beteiligten entsteht und zu schädlichen und ungünstigen Bedingungen führt. Mit Wut und Enttäuschung darüber, dass Menschen im Griff von Gier, Hass und Verblendung stecken, schaffen wir *zusätzliches* Leid. Auch aus dem Grund legt der Buddhismus großen Wert auf die Arbeit an sich selbst. Denn je weniger Gier, Hass und Verblendung *wir* in die Welt ausstrahlen und je mehr Freundlichkeit, Mitgefühl, Freude und Gleichmut wir leben können, desto mehr stecken wir andere Menschen damit an. Wir können nicht abwarten und fordern, dass sich zuerst »das System« und die anderen ändern sollen, bevor wir uns verändern können.

Ich setze große Hoffnungen darauf, dass wir politisch realistischer und auch kooperativer werden, wenn wir uns über ein konkretes Projekt, das uns am Herzen liegt, informieren und aus der Ferne oder konkret an Meinungsbildungs- und Entscheidungsprozessen mitwirken. Dann geht uns auf, wie schwer es ist, sich mit Menschen im Plural zu verständigen, und wie wunderbar es ist, wenn es gelingt. Und wir sehen mit Erstaunen, dass auch kleine Schritte manchmal große Wirkungen haben.

Merksätze

- Acht Arten des natürlichen Leidens gehören zum Leben: Geburt, Alter, Krankheit, Tod; verlieren, was wir lieben; nicht bekommen, was wir wollen; bekommen, was wir nicht wollen; nie sicher sein vor Leiden. Wir schaffen uns zusätzliches Leiden, wenn wir das natürliche Leiden ablehnen, ignorieren oder und uns darüber beklagen.

Reflexion: Privates Leid

- Welche Arten des Leidens stehen derzeit im Vordergrund? Bei uns selbst und in unserem nahen Umfeld? Was davon ist natürliches und was zusätzliches Leid?

Reflexion: Politisches Leid

- Worunter leide ich, wenn ich die wirtschaftlichen, sozialen und politischen Bedingungen in unserem Land und in der Welt betrachte? Was davon ist natürliches und was zusätzliches Leid?

Unbeständigkeit und Unkontrollierbarkeit

Du brauchst dich nie zu ärgern.
Wenn du etwas verändern kannst, dann veränder es.
Wenn du es nicht verändern kannst, dann nimm es an.
Du brauchst allerdings viel Weisheit,
um das eine vom anderen zu unterscheiden.

Herr, schenke mir den Mut, das zu verändern,
was ich ändern kann, und die Geduld,
das anzunehmen, was ich nicht verändern kann.
Und die Weisheit, das eine vom anderen zu unterscheiden.

Das einzig Beständige ist der Wandel.
Der Mensch denkt, und Gott lenkt.

Der erste Satz ist die neutrale Formulierung eines Gebets, das ich zum ersten Mal Ende der 1970er-Jahre in Indien hörte. Ich liebe es sehr, denn es legt den Finger auf einen wichtigen Punkt. Ärger, Wut, Neid, Verzweiflung und so weiter entstehen, wenn wir nicht begreifen, dass es auch auf uns ankommt, wie sich eine Situation entfaltet. Wir regen uns auf, werden wütend oder ängstlich, wenn die Dinge nicht so laufen, wie wir das gerne hätten. Wir richten meist alle Energie auf den Auslöser unangenehmer Gefühle und selten auf unseren *eigenen Beitrag* zu einer Erfahrung.

Mit der Übung *Aufhänger, Stimmung, Hintergrund* (siehe S. 31) können wir lernen, unseren eigenen Beitrag immer besser zu erkennen. Manchmal können wir uns dann klüger und angemessener verhalten. Wir vermeiden Auslöser für reaktive Emotionen nach Möglichkeit, zumindest so lange, bis wir uns beruhigen, unsere Erwartungen überprüfen und reaktive Muster besser verstehen können. Manchmal dauert das lange. Wenn wir bestimmten Menschen und Umständen aber nicht aus dem Weg gehen können, versuchen wir *höflich* zu bleiben und uns so weit *ethisch* zu verhalten, dass wir anderen bewusst keinen Schaden zufügen. Die Essenz der buddhistischen Ethik ist *Nichtverletzen.* Wir versuchen auch, unsere Erwartungen und reaktiven Muster zu verstehen, und irgendwann sind wir fähig, anderen Gutes zu tun. Das ist nicht leicht, aber möglich. Auf Ethik und Höflichkeit als Heilmittel für schwierige Situationen und Gefühle gehe ich im dritten Teil näher ein.

Wir erwarten zu viel von uns und anderen und vom Leben, weil wir unbewusst *Stabilität* und *Kontrollierbarkeit* erwarten und voraussetzen. Zwar weiß der Volksmund, dass »das einzig Beständige der Wandel ist« und dass »der Mensch denkt, und Gott lenkt«, aber das wollen wir nicht wirklich wahrhaben. Wir tun so, als ob unsere Lebensbedingungen stabil wären und wir alles im Griff hätten. Zumindest erwarten wir das von uns, vor allem dann, wenn sich Dinge so schnell verändern, dass wir intellektuell und emotional nicht hinterherkommen.

Der größte Teil unserer schwierigen Gefühle entsteht dann, wenn sich Umstände verändern und wir sie nicht in den Griff bekommen. Für mich ist der Hinweis des Buddha auf die drei Gesetze des Lebens – auf Leiden, Unbeständigkeit und Unkontrollierbarkeit – seit vierzig Jahren eine unschätzbare Quelle der Inspiration. Sie ernüchtern mich immer wieder und machen mir Mut, das Beste aus dem zu machen, was geschieht. Denn ich rechne mit Schwierigkeiten und mit Veränderungen. Und die immer tiefere Einsicht, dass ich die Dinge nicht in den Griff bekommen kann, *entlastet* mich ungemein von dem Anspruch, ich *müsste* das schaffen.

Vielleicht kann ich die drei Daseinsmerkmale leichter annehmen, weil ich ziemlich tüchtig bin und in meinem Leben schon viel geschafft habe. Aber es gibt immer Menschen, auch in meinem Alter, die viel mehr geschafft und bewirkt haben, und ich könnte mich ja auch an ihnen messen, und manchmal tue ich das auch – und leide dann ein bisschen. Da ich Neid, Eifersucht und Leistungsdruck meist schnell bemerke, lösen sich diese unangenehmen Gefühle schnell wieder auf. Was mir allerdings auch sehr hilft, mit unangenehmen Situationen umzugehen, ist das tiefe Vertrauen in meine innere Weisheit. Sie wird mir schon zeigen, was ich tun und lassen soll.

Die Botschaft der drei Daseinsmerkmale ist einfach: Rechne mit natürlichem Leiden und damit, dass sich Umstände und Menschen manchmal schneller verändern, als dir lieb ist. Und erwarte nicht, dass du alles in den Griff bekommen kannst.

Je realistischer unser Selbstbild und unser Blick auf die anderen und die Welt ist, desto angemessener sind unsere Erwartungen. Wenn wir dann noch ab und zu daran denken, dass alle Vorstellungen bloß Vorstellungen sind, die ihre Gültigkeit erst noch erweisen müssen, sind wir nicht allzu enttäuscht, wenn sich ein Konzept als ungültig erweist. Wir sind offener für Ratschläge von anderen, die andere Lebenserfahrungen haben oder andere Schlüsse daraus ziehen. Und wir verlieren nicht den Mut, sondern probieren weiter aus, was wie und wo funktionieren könnte. Wir werden es schon merken. Hier folgt eine Variante der beiden Grundübungen von S. 30–31.

Reflexion: Suche die Täuschung hinter der Enttäuschung

- Denken Sie an ein paar typische Enttäuschungen der letzen Zeit. An Menschen, Umstände und Ereignisse, über die Sie enttäuscht waren.
- Suchen Sie die Täuschung hinter der Enttäuschung.
- Versuchen Sie Ihre Erwartungen genau zu erkennen und experimentieren Sie damit.

Reflexion: Aufhänger, Stimmung, Hintergrund

- Schauen Sie sich einen Konflikt der letzten Tage oder Wochen an und fragen Sie sich: Was genau war *Auslöser* meines Ärgers oder meiner Enttäuschung? In welcher *Verfassung* war ich unmittelbar vor dem Konflikt? Was habe ich von mir und den anderen *erwartet*? Welche *reaktive Emotion* wurde ausgelöst?
- Spielen Sie mit den *Faktoren*, die mitgespielt haben, und schauen Sie, was sich verändert.

TEIL ZWEI:

Der Zeitgeist: Damals und heute

4. Umbruchzeiten und Gefühle

Die eigene Zeit zu verstehen ist nicht leicht, denn wir finden sie normal, manchmal anstrengend und manchmal angenehm. Eine Möglichkeit, die zentralen Faktoren der Gegenwart zu verstehen, besteht darin, dass wir sie mit der uns bekannten Vergangenheit vergleichen. Wenn sich junge und alte Menschen begegnen, können sie einiges lernen über die Relativität und Bedingtheit ihres jeweiligen Lebensgefühls. Eine übliche Einteilung der Geschichte spricht von Vorzeit, Antike, Mittelalter und Neuzeit. Die Neuzeit oder die Moderne beginnt mit Renaissance, Reformation und Aufklärung. Die Moderne glaubt an Fortschritt und zeigt uns, wie wir unser Schicksal mithilfe der Vernunft selbst in die Hand nehmen können. Ausdruck ihres Erfolgs sind die Naturwissenschaften, die Industrialisierung und die mehr oder weniger demokratischen Strukturen.

In der zweiten Hälfte des 20. Jahrhunderts geschahen dann so viele Entwicklungen gleichzeitig, dass sie die meisten Menschen, nicht nur in Deutschland, überforderten: das Ende der Kolonialregime, deutsches Wirtschaftswunder, Studenten- und Frauenbewegung, allgemeiner Wohlstand, eine neue Welle von »Gastarbeitern« und schließlich die Globalisierung mit der Deregulierung der sozialen Marktwirtschaft sowie der neoliberale Rückbau des Sozialstaates – und schließlich der Zusammenbruch der Sowjetunion und des Ostblocks. Diese Prozesse fanden an vielen Orten der Welt statt und sie wirkten sich auf fast alle Menschen aus.

Exkurs: Von der Vormoderne zur zweiten Moderne

Ich verwende im Folgenden die Begriffe *Vormoderne, Moderne, Postmoderne* und mit einiger Zuversicht beschreibe ich einige hoffnungsvolle Ansätze zu einer *zweiten Moderne* (Beck 2002). Jede Epoche hat bestimmte Werte, und solange wir sie mit vielen anderen teilen können, dominieren auch bestimmte Arten von Gefühlen, angenehme und unangenehme. Zumindest glaubt man das sagen zu können, wenn man auf eine mehr oder weniger abgeschlossene Epoche zurückschaut. Weil unser Lebensgefühl und die konkreten Gefühle, die wir erleben, sehr viel mit dem Zeitgeist einer Epoche zu tun haben, will ich diese Epochen kurz beschreiben.

Wenn wir *verstehen*, warum wir von schwierigen Gefühlen überwältigt werden, kann uns das *entlasten*, denn wir können individuelle Erfahrungen in einen größeren Zusammenhang einordnen, und das beruhigt. Dann haben wir mehr Spielraum, das Beste aus unseren Erfahrungen zu machen, je nachdem, was gerade möglich ist. Ein Epochenbruch vollzieht sich natürlich nicht in kurzer Zeit und auf einen Schlag. Das Beruhigende und Irritierende daran ist, dass Menschen seit Jahrhunderten, überall, auch in Europa, nicht erst seit der Zeit des römischen Reiches, in derselben Region in unterschiedlichen Kulturzeiten leben. Das macht das Zusammenleben nicht einfacher, und aus dem Grund braucht es in modernden Demokratien eine starke und lebendige Zivilgesellschaft und auch unterschiedliche politische Parteien. Sie sollen nicht nur über unterschiedliche Wege und Methoden der Gestaltung der gemeinsamen Welt streiten, sondern auch unterschiedliche Menschen ansprechen, die nicht in derselben Kulturzeit leben.

Je mehr wir das begreifen, desto mehr können wir unterschiedliche Standpunkte und Werte schätzen und ganz pragmatisch als Teil des Lebens, wie es eben ist, annehmen. Aus dem Grund ist es vielleicht auch notwendig, viele Aufgaben und Entscheidungen kleineren Verwaltungseinheiten, wie Gemeinde, Stadt, Kreis und Bundesland, zu überlassen und nicht alles zentral zu entscheiden. Vor Ort kennt man die unterschiedlichen Bedürfnisse besser und kann auf Veränderungen flexibler reagieren. Und weil man sich konkret begegnen und kennenlernen kann, ist man vielleicht auch bereit, sich mit diesen Menschen im Plural zusammenzusetzen und Unterschiedlichkeit anzuerkennen und vielleicht sogar zu schätzen.

Alles verändert sich, ob wir das wollen oder nicht. Kleine überschaubare Veränderungen finden wir häufig gut, denn wir erhoffen uns eine Verbesserung. Veränderungen finden wir vor allem dann gut, wenn Leiden abnimmt oder wir von einer Krankheit genesen. Eine Veränderung zum Besseren, wie in der Zeit des Wirtschaftswunders und danach, als der Lebensstandard sichtbar höher wurde und die Menschen jedes Jahr etwas mehr Geld verdienten, finden wir auch gut. Solange wir uns einigermaßen sicher fühlen und gut genug leben können, nehmen wir kleine und größere Veränderungen hin, und wir machen uns kaum Gedanken über Menschen in anderen Ländern, denen es nicht so gut geht wie uns.

Kulturelle Umbruchzeiten sind für viele Menschen schwierig, weil Veränderungen entweder sehr schnell geschehen oder zu viele Bereiche des Lebens betreffen. Viele Menschen in Mitteleuropa finden die Veränderung der Lebensbedingungen seit den späten 1980er- und frühen 1990er-Jahren anstrengend. Vor allem trifft das auf die Menschen zu, die nach dem Zusammenbruch des sowjetkommunistischen Gesellschaftsmodells und der Sowjetunion in der ehemaligen DDR und in Osteuropa leben. Die Zeit nach 1989 hat einigen Menschen im europäischen Osten und Südosten zwar mehr Freiheit und Wohlstand gebracht, aber der Verlust der gemeinsamen Vision einer besseren Welt und der sozialen Sicherheit hat viele Menschen sehr erschüttert. Einige sehnen sich diffus nach den guten alten sowjetischen Zeiten zurück und blenden deren schwierige und dunkle Seiten aus.

Die Globalisierung erschüttert die ganze Welt, und das sorgt bei vielen Menschen für sehr viel Unsicherheit und schwierige Gefühle, mit denen sie nicht gut umgehen können. Unsicherheit und Angst, Wut und das Gefühl, abgehängt und nicht geachtet zu werden, bestimmen heute den Alltag vieler Menschen. Wobei diffuse Zukunftsängste schwierige Gefühle verstärken und manchmal ins Überdimensionale wachsen lassen. Viele Menschen sehen schwarz und verlieren allen Mut.

Es folgt jetzt ein kurzer Überblick über die zentralen Elemente der Vormoderne, der ersten Moderne und der Postmoderne, und danach will ich einen hoffnungsvollen Ausblick auf eine möglich zweite Moderne wagen. In jeder Epoche stehen andere Werte im Zentrum und dementsprechend auch andere Gefühle. Die alten Werte verschwinden aber nicht, sondern bleiben für einige Menschen weiterhin zentral und bei anderen rücken sie mehr in den Hintergrund oder werden mit anderen Inhalten gefüllt.

Ein Grund für viele Konflikte und schwierige Gefühle im Zusammenleben entstehen aus *Unkenntnis* der *Werte* der *anderen* und aus fehlendem Verständnis für deren Bedeutung für Selbstwertgefühl und Identität, bei uns und anderen. Wenn wir, wie es heutzutage Mode geworden ist, die Ursache für unangenehme Gefühle lediglich *in uns selbst* suchen, überfordern wir uns. Das hat mit einer *Unterschätzung sozialer* Bedingungen und dem Ideal der *autonomen Persönlichkeit* zu tun, die in der Lage sein soll, alle Probleme selbst zu lösen. Dabei spielen heutzutage psychologische und spirituelle Techniken eine immer größere Rolle. Sie können uns beruhigen und wichtige Einblicke in biografisch gewordene Strukturen geben, aber das reicht nicht aus für ein gelingendes Leben. Dazu gehören auch gute wirtschaftliche, soziale und politische Bedingungen. Hinweise auf soziale und kulturelle Faktoren können uns, wie ich schon mehrfach betont habe, entlasten und damit Raum für ein konstruktives Umgehen mit Irritationen und Fremdheit in der Begegnung schaffen und Interesse an anderen Perspektiven wecken.

Status und Ruhm, Ehre und Sehnsucht nach Anerkennung

In der *Vormoderne* gab es Ständegesellschaften, und die Gefühle der Menschen drehten sich vor allem um Status, Ruhm und Ehre (Beck 2002, Illouz 2016). Unser heutiger Zeitgeist hält die Sorge um Ruhm und Ehre für altmodisch und überholt, aber vielleicht unterschätzen wir das natürliche Bedürfnis, gesehen und anerkannt zu werden. Das heutzutage geradezu unersättliche Bedürfnis nach persönlicher Anerkennung in nahen Beziehungen, aber auch in Beruf und Gesellschaft, Wirtschaft und Politik, ist vielleicht ein ungeeigneter Ersatz für die fehlende öffentliche Anerkennung, die ein klar erkennbarer Stand, die Zugehörigkeit zu einer bestimmten Schicht und ein anerkannter Beruf Menschen in der Vormoderne gegeben haben. Die meisten Menschen wollen vermutlich nicht zurück in die Sicherheit und Starrheit einer Ständegesellschaft, aber wir müssen das Bedürfnis nach Anerkennung auch gesellschaftlich reflektieren und dürfen die einzelnen Menschen nicht damit allein lassen oder ihnen lediglich eine psychotherapeutische Begleitung oder einen Achtsamkeitskurs empfehlen.

Paarbeziehungen scheinen besonders unter dem Verlust eines klaren Status der Beteiligten zu leiden. Das betrifft Frauen und Männer gleichermaßen, wenn auch auf unterschiedliche Weise. Wer unsicher ist, erwartet zu viel. Frauen erwarten dann von ihrem Partner oder ihrer Partnerin eine Zuwendung und Anerkennung, die kein Mensch, kein Mann und keine Frau, einem anderen geben kann. Für Männer gibt es, außer im Sport, kaum noch anerkannte Orte und Tätigkeiten, wie sie ihr Bedürfnis nach einem sozial nicht schädlichen spielerisch-sportlichen Wettbewerb unter Männern stillen können. Und so leben das einige Männer in serieller Sexualität, sowohl in hetero- als auch in homosexuellen Beziehungen, in übertriebener Konkurrenz im Beruf, in politischen Hahnenkämpfen oder in Kriminalität aus (Illouz 2016).

Im Buddhismus werden unsere grundlegenden Bedürfnisse als *acht weltliche Anliegen* bezeichnet. Menschen *sehnen* sich nach *vier* Erfahrungen: Sie streben nach Status und Besitz, nach persönlicher Zuwendung beziehungsweise Lob und Anerkennung und nach angenehmen Gefühlen und versuchen sie zu behalten. Und sie leiden, wenn sie diese vier Erfahrungen nicht machen beziehungsweise sie wieder *verlieren*. Nach meiner Erfahrung geht es *Männern* auch heute noch mehr um *Status* und *Besitz*. *Frauen* wollen das zwar auch erreichen, aber sie sehnen sich vor allem nach persönlicher Anerkennung und *Wertschätzung*, sie wollen gesehen werden, und nach *angenehmen Gefühlen*. Ausdruck davon sind die Wellness-Welle, Lifestyle-Läden, Mode und Kochstudios und so weiter. All das ist ausgerichtet auf die Steigerung und Differenzierung von Sinneswahrnehmung. Leider werden inzwischen auch buddhistische Methoden mit der Verheißung auf mehr Wohlgefühl und Sinnengenuss angepriesen. Das kann durchaus ein angenehmer Nebeneffekt von Meditation sein. Wer das aber als Hauptzweck sieht, wird nicht lange meditieren, denn meditieren bringt auch Dinge an den Tag, die wir lieber nicht sehen würden.

Wir *überfordern* unsere Zweierbeziehungen, wenn wir von ihnen vor allem persönliche Zuwendung und Anerkennung erwarten. Zweierbeziehungen und Freundschaften reichen nicht für ein gelingendes Leben. Weil wir nicht mehr in stabilen (und engen) Großfamilien und Sippen, in Dorfgemeinschaften und mit der lebenslangen Zugehörigkeit zu »unserer« Firma leben, brauchen wir regelmäßigen Kontakt zu *selbst gewählten Gruppen*, mit denen wir gemeinsame Anliegen teilen, in denen wir uns unbeschwert zugehörig fühlen und wo persönliche Zuneigung oder Abneigung keine große Rolle spielen. Wir werden immer einige Menschen mehr mögen als andere und uns mit einigen nicht besonders gut verstehen. Wir fühlen uns aber sehr viel selbstverständlicher wohl und mehr getragen, wenn Mögen und Nichtmögen nicht im Zentrum stehen, sondern ein gemeinsames Anliegen: Sport, Musik, Meditation, Politik, Kunst und so weiter.

Reflexion: Meine Anliegen

- Welche Anliegen stehen für Sie im Vordergrund? Status, Besitz, Zuwendung und persönliche Anerkennung oder schöne Gefühle? Was suchen Sie vor allem in Ihrer Zweierbeziehung und im nahen Umfeld, in Freundschaften und Nachbarschaft, im Verein und in der Meditationsgruppe?

Reflexion: Gruppen

- Welchen Gruppen fühlen Sie sich über einen längeren Zeitraum zugehörig? Wie war das in Ihrer Jugend? Anfang zwanzig? Vor zwanzig oder zehn Jahren? Was geben Ihnen diese Gruppen?

Der Zusammenbruch des autonomen Persönlichkeitsideals

In der Neuzeit, die mit Renaissance, Reformation und Aufklärung beginnt und in der *Moderne* gipfelt, glauben immer mehr Menschen an Fortschritt und Vernunft. Es geht um Wissen, Individualität und Leistung, und die Gefühle drehen sich um die Entfaltung der freien Persönlichkeit, um Erfolg und Versagen, Machbarkeit und Kontrolle. Die frühe *Moderne* fühlte sich noch getragen von einer unfassbaren göttlichen Vernunft, einer tragenden Transzendenz, die Scheitern erträglich machte. Die spätere Moderne vergisst die Vernunft, die ihre Grenzen kennt, und glaubt nur noch an den technischen Verstand, der alle Dinge pragmatisch und zweckorientiert einsetzt und an Machbarkeit und Kontrolle glaubt.

Das Ideal ist die autonome Persönlichkeit, die sich selbst Gesetze gibt, gr. *auto nomos*, im Menschen das Maß aller Dinge sieht und die äußere und innere Welt erobern und beherrschen will. Die Protokollsucht und Dokumentationswut und auch die Forderungen nach absoluter Transparenz aller Prozesse ist ein fast tragischer Ausdruck dieser Sucht nach Kontrolle und Beherrschung.

Die Welt ist immer schon zu komplex, um sie ganz zu verstehen und in den Griff zu bekommen. Mit Globalisierung und neuen Medien hat die Komplexität ein Maß erreicht, das jeden Verstand übersteigt, auch wenn er durch hochleistungsfähige Computer unterstützt wird. Einige Forscher sehen die Rettung des Autonomie- und Herrschaftsideals in der Verbindung von menschlicher und künstlicher Intelligenz und glauben an den künftigen homo s@piens mit implantiertem Superspeicherchip (Kurzweil 1999).

Die Zunahme von Burnout, Depression und Erschöpfung, von Drogenkonsum, Spielsucht und Wirtschaftskriminalität, von prekären Arbeitsverhältnissen und Steuerhinterziehung und so weiter ist ein deutlicher Hinweise darauf, dass das Ideal der *autonomen Persönlichkeit,* die *Verantwortung* für sich und andere und für die Gesellschaft übernimmt, derzeit krachend an die Wand fährt. Wenn selbst die Menschen, die diesem Ideal mit allen Kräften anhängen, sich überfordert fühlen und krank werden, überrascht es nicht, dass viele »einfache« Leute dem Diktat der *Selbstoptimierung* nicht folgen können und sich abgehängt und missachtet fühlen. Minderwertigkeitsgefühle und Unsicherheit, die Angst zu versagen, Überforderung und Depression sind Ausdruck dieser Überforderung. Was kommt nach der Moderne? Der Zusammenbruch des Ganzen (Han 2011, Tillich 1965, Sloterdijk 1993, Bröckling 2017, Reckwitz 2017)?

Seit Mitte des 20. Jahrhunderts leben einige Menschen in der sogenannten Postmoderne, sie realisieren frustriert und enttäuscht die Grenzen des Verstandes, lehnen aber jeden Trost durch eine transzendente Dimension als kindisch und vormodern ab. Wenn sie aber weiterhin an dem Drang und Zwang, das Leben verstehen zu wollen, festhalten, verzweifeln sie. Sie denken dann, das Leben sei absurd, weil der Verstand es nicht begreifen kann. Die Gefühlslage der postmodern gestimmten Menschen ist eher dunkel und traurig, zynisch, heroisch und arrogant, depressiv und verzweifelt, und das kann manchmal umschlagen in Aggression und wütende Ablehnung aller Werte und Institutionen, die für diese Werte stehen. Zwei bekannte literarische Vertreter dieser Stimmung sind Albert Camus und Jean-Paul Sartre.

Die zweite Moderne: Zuversicht und Kooperation

Der Begriff *zweite Moderne* steht für eine konstruktive Wendung hin zur Einsicht in tiefe Verbundenheit und zum Wunsch nach Kooperation über alle regionalen und nationalen, religiösen, politischen und geistigen Grenzen hinweg. Die Gefühlslage der Menschen in der zweiten Moderne ist eher *zuversichtlich*. Als Realisten rechnen sie mit Schwierigkeiten, freuen sich über das, was klappt, und lassen sich ein auf das Gespräch mit Menschen im Plural über die gemeinsame Welt (Beck 2002).

Man kann das Denken der Menschen in Vormoderne, Moderne und Postmoderne als *eindimensional* oder *monoperspektivisch* beschreiben, denn sie halten nur ihre eigene Perspektive für angemessen und relevant. Das Denken der Menschen, die die zweite Moderne mitgestalten, ist im Unterschied dazu *mehrdimensional* oder *mehrperspektivisch*. Sie können erkennen, dass Menschen in unterschiedlichen Regionen der Welt, aber auch hier in Europa in unterschiedlichen Kulturzeiten leben und jede dieser Perspektiven ihre Berechtigung, aber auch ihre Grenzen hat. Da wir nur eine Erde haben, in der wir zusammen leben, in Deutschland und Europa, im Westen und in der ganzen Welt, müssen wir uns zusammensetzen und herausfinden, wie wir mit unterschiedlichen Geschwindigkeiten und auf unterschiedlichen Wegen zu einem respektvollen Miteinander finden, das uns erlaubt, *zwei* Arten von *Heimat* zu haben: in einer *Region*, einem Sprach- und Kulturraum – und als *Weltbürger* in der der ganzen Welt (Beck 2002, Wilber 1997, Bröckling 2017, Postman 2001, Ulrich 2017).

Ein gemeinsames Miteinander ist kaum möglich, wenn wir regionale Verbundenheit gegen eine universelle oder kosmopolitische Haltung ausspielen. Die Schrumpfvariante der regionalen Verbundenheit mit einem Sprach- und Kulturraum ist der ausgrenzende Nationalismus, der eine reine Volksgruppe fantasiert, die es nirgendwo in Europa gibt und die es vermutlich nirgendwo auf der Welt außerhalb kleiner Stämme je gegeben hat. Diese Art nationalistischen Stammesdenkens lehnt Menschen, die kosmopolitisch denken, als unpatriotische und vaterlandslose Gesellen ab. Die flache Version des Kosmopolitismus speist sich aus der Ablehnung jedes Heimatgefühls und jeder Verbundenheit mit einer Region, einem Sprach- und Kulturraum und einer religiösen Orientierung als rückständig, altmodisch oder nationalistisch.

Es geht nicht um ein Entweder-oder: Nation oder die ganze Welt. Es geht ein bisschen um ein Sowohl-als-auch der zwei Arten von Heimat: in einer Region und der ganzen Welt. Aber auch das reicht nicht, denn nicht alle haben zwei Arten von Heimat. Es geht auch nicht um ein Weder-noch: weder Nation noch Kosmopolitismus. Sondern es geht um ein Miteinander aller Menschen mit unterschiedlichen Ängsten und Befürchtungen, Sehnsüchten und Bedürfnissen.

Mit den Menschen, die die zweite Moderne gestalten wollen, vertraue ich auf die Kräfte der *Zivilgesellschaft* und ganz besonders auf *transnational* arbeitende Non-Governmental-Organizations (NGOs) wie Greenpeace, Amnesty International, Ärzte ohne Grenzen und so weiter. Denn zivilgesellschaftliche Gruppen haben viele Freiräume, um unterschiedliche Ansätze und Modelle der Kooperation regional, international und transnational auszuprobieren (Beck 2002). Sie müssen weder so effizient und gewinnbringend arbeiten wie Wirtschaftunternehmen noch alle neuen Ansätze und Pilotprojekte in einem komplizierten und manchmal auch sehr lange dauernden demokratischen Prozess absegnen lassen. Sie haben Freiräume und können je nachdem auch mit Wirtschaftsunternehmen und Regierungen und internationalen und transnationalen Organisationen zusammenarbeiten und sehr erfolgreich neue Entwicklungen anstoßen (Khanna 2011).

Merksätze

- In der *vormodernen* Ständegesellschaft geht es um Status, Ruhm und Ehre.
- In der *ersten Moderne* geht es um Fortschritt, Erfolg und Misserfolg, um Wissen und Individualität und um Leistung und Erschöpfung. *Postmodern* gestimmte Menschen vertrauen weder auf Vernunft noch auf Gott und fühlen sich häufig dunkel und traurig, zynisch und arrogant, depressiv, verzweifelt und wütend.
- In der gerade beginnenden *zweiten Moderne* gibt es wieder Zuversicht und die Bereitschaft, unterschiedliche Perspektiven auf die Welt anzuerkennen und wertzuschätzen und miteinander zu kooperieren. Aus dem Gefühl der Verbundenheit entstehen weitere positive Gefühle wie Mitgefühl, Dankbarkeit, Freude und Wertschätzung.

5. Buddhismus im Wandel

Vor zweieinhalbtausend Jahren lebte der historische Buddha, Gautama Siddhartha, in Nordindien. Er wanderte nach seinem Erwachen mit Mitte Dreißig über vierzig Jahre lang durch das Land und beantwortet die Fragen vieler Menschen. Seine Lehren und Übungen sind seither in viele unterschiedliche Länder und Kulturen Asiens gelangt und im 20. Jahrhundert auch in den Westen. Überall haben sich seine Lehren verwandelt, denn sie sind in erster Linie Anregungen zur gründlichen Prüfung des eigenen Verhaltens mit Körper, Rede und Geist oder, christlich gesprochen, mit Gedanken, Worten und Werken. Wer sein eigenes Handeln bemerkt und prüft, kann sich schädliches und unheilsames Verhalten abgewöhnen und konstruktives und heilsames Verhalten einüben. Das zumindest war die frohe Botschaft des Buddha.

Wir können zwar durch meditative Übungen nicht die Sonne anhalten oder Berge versetzen, durch die Lüfte fliegen oder die Gedanken unserer Mitmenschen lesen – auch wenn manche Menschen zu allen Zeiten diese exotischen Kräfte anstrebten und sich ihrer rühmten –, aber wir können unsere *Sicht* auf die Welt, unsere Einstellung oder *Haltung* und unser *Verhalten* verändern. Wir können das dann, wenn wir *wollen*, mit großer Hingabe *üben* und es im Alltag, in Beruf und in der Begegnung mit anderen Menschen *ausprobieren*.

Als die Nachfolger*innen des Buddha, die Mönche und Nonnen und die Laien-Übenden beiderlei Geschlechts die frohe Botschaft des Buddha, seine befreienden Lehren von Liebe, Kraft und Weisheit, von Ethik, Sammlung und Einsicht ihren Mitmenschen weitergaben, lehrten sie das so, wie es dem Fassungsvermögen ihrer Zuhörer*innen entsprach, wie das auch ihr großer Meister, der historische Buddha getan hatte.

Ich kann und will hier keinen Überblick über die historisch und regional entstandenen Schulen des Buddhismus geben, sondern möchte drei unterschiedliche Stile beziehungsweise Sichtweisen und Methoden vorstellen, wie wir mit Herausforderungen und schwierigen Gefühlen umgehen können. Diese unterschiedlichen Methoden sind, so sagt es Tradition, Ausdruck des *Mitgefühls* des historischen Buddha und seiner Nachfolger*innen mit den Menschen, die lernen wollten, wie man ein heilsames und sinnvolles, ein gelingendes Leben führen kann. Die drei Stile sind: *Achtsamkeit* und Kontrolle, *Mitgefühl* als Motor und der Bodhisattva-Weg. Sie werden im Buddhismus seit zweieinhalbtausend Jahren von unterschiedlichen Menschen in unterschiedlichen Lebensphasen mit unterschiedlichem Erfolg geübt, und ich halte sie für eine gute Orientierung im Dschungel der vielfältigen Meditationsmethoden und der Ratgeber-Literatur zum Thema Umgang mit schwierigen Gefühlen.

Achtsamkeit und Kontrolle

Im frühen Buddhismus und den Schulen, die sich bis heute auf ihn beziehen, werden vor allem Methoden betont, die es Menschen ermöglichen, sich so weit zu beruhigen, dass sie ihr Verhalten mit Körper, Rede und Geist beobachten, überprüfen und zum Heilsamen hin verändern konnten. Der Schwerpunkt liegt auf »bemerken, nicht tadeln, ändern« (Ayya Khema 1997). Das ist angemessen, wenn wir eher unruhig sind, genaue Vorstellungen davon haben, wie das Leben ist und sein sollte, wir diese ungültigen Konzepte (siehe S. 27ff.) nicht bemerken und sie mit reaktiven Emotionen verteidigen. Können wir Gefühle und Emotionen nicht gut selbst regulieren, überwältigen sie uns.

Entwicklungspsychologie und Kulturgeschichte sprechen bei Menschen, die ihre Emotionen nicht gut regulieren können, von einem »schwachen Ich«, das wenig Selbstvertrauen hat und vor allem überleben will. Die Gehirnforschung würde vermutlich sagen, dass Hirnstamm und limbisches System, Instinkte, Vorlieben und Abneigungen unser Leben steuern. Die neokortikalen Fähigkeiten sind nur rudimentär entwickelt. Diese Menschen können einfache Denkvorgänge durchführen, haben eine grobe Idee von ihrer Umwelt und von sich selbst als Teil des Stammes und das hilft ihnen zu überleben. Für ein schwaches Ich sind äußere Gefahren lebensbedrohlich, denn es hat noch wenig Optionen, sich zu schützen, und reagiert vor allem mit Angriff, Flucht oder Totstellen. Damit schwierige Umstände und Gefahren, die man in alten Kulturen auch Dämonen nennt, zu einer Quelle von Inspiration werden können, muss noch einiges geschehen (Neumann 1974).

Die meisten Menschen im Westen glauben zwar nicht mehr an *Dämonen*, dafür aber mit Leidenschaft an *Sündenböcke*, denen man die Verantwortung für das eigene Leid und das der Welt zuschiebt. Menschen glauben vor allem dann an Sündenböcke, wenn sie Angst haben und sich ohnmächtig fühlen. Diese Gefühle erleben derzeit viele Menschen, und auch aus dem Grund finden populistische Politiker*innen, Bewegungen und Parteien so viel Zuspruch. Solange Politik und Zivilgesellschaft die Angst und Ohnmacht vieler Menschen nicht ernst und wichtig nehmen, sondern ihnen lediglich empfehlen, sich selbst zu optimieren, noch eine Zusatzqualifikation zu erwerben und sich ein bisschen mehr anzustrengen, werden populistische Rattenfänger ein leichtes Spiel haben. Sie haben zwar keine Lösungen anzubieten, außer der tödlichen Rolle rückwärts, den salto mortale(!), in eine fantasierte gute alte Zeit, aber sie sind sehr erfinderisch darin, Öl ins Feuer der einfältigen Ideologien und reaktiven Emotionen zu gießen.

Bezogen auf die drei Gehirnbereiche – Hirnstamm, altes oder Reptiliengehirn, limbisches System oder Gefühlssystem und neues Gehirn – geht es darum, die *neokortikalen* Fähigkeiten zu entwickeln: das eigene Verhalten mit Körper, Rede und Geist *beobachten* zu können, die *Folgen* von Handeln abzuschätzen, *Komplexität* zu ahnen und *freundliche* und mitfühlende Einstellungen auch zu *Sippenfremden* zu entwickeln (Roth 2003).

Es war ein Quantensprung in der Geschichte der Menschheit, als eine genügend große Gruppe von Menschen vor etwa zehntausend Jahren diese Fähigkeiten entwickelte. Sie konnten das, weil der Stamm genügend Nahrung zur Verfügung hatte, sodass er einzelne begabte Menschen von der Arbeit freistellen konnte (Diamond 2006, Morris 2011). Diese Menschen hatten dann genügend *Muße*, Zeit frei vor allem von äußeren Zwängen (Arendt), um ihren Neokortex auszubilden und die inneren Zwänge zu erkennen und mit ihnen konstruktiv zu arbeiten (Wetzel 2014, 2017b).

Ich finde diesen Hinweis sehr aufschlussreich, denn er besagt, dass wir *Muße* brauchen, um mehr zu lernen, als zu planen und zu beurteilen und unser Verhalten zu rechtfertigen. Es braucht Muße, wenn wir uns in andere Menschen hineinversetzen und die Welt aus ihrer Perspektive betrachten wollen. Wenn wir feststellen, dass wir das, zehntausend Jahre später, immer noch nicht können, brauchen wir Muße, zweckfreie Zeit, sonst geraten wir in die Falle von Rechtfertigung, Schuldzuweisungen und Schwarz-Weiß-Denken. Wenn wir diese Neigungen bei uns selbst erkennen, begreifen wir vielleicht auch, warum viele Menschen in Umbruchzeiten in diese Falle geraten.

Was tun? Zivilgesellschaftliche Gruppen haben in Zusammenarbeit mit alten und neuen Medien viele Möglichkeiten, diese Zusammenhänge zu beleuchten. Ich stelle Ihnen hier einige meiner Fantasien vor, die relativ leicht umzusetzen sind. Wir können Wissenschaftler*innen zu Forschungen auf diesem Gebiet auffordern und die Politik auf diese Zusammenhänge hinzuweisen. Die Politik könnte die bestehenden Gesetze nutzen und vielleicht auch neue Gesetze schaffen, die Menschen vor zu viel Arbeit schützen. Es ist absurd, dass Menschen mit unterschiedlichen extremen Methoden – neue Medien, Scheinselbstständigkeit und Minilöhne, unanständig hohe Löhne und überzogene Boni – zu über vierzig Stunden Arbeit pro Woche gezwungen werden. Die Einführung eines bedarfsdeckenden Grundeinkommens von rund tausend Euro im Monat könnte zumindest Geringverdiener von unzumutbaren Arbeitsbedingungen befreien, einen starken Impuls setzen, Arbeitsbedingungen zu verbessern, mehr Teilzeitarbeit ermöglichen und neue Räume für Kreativität schaffen. Krankenkassen könnten in Zukunft Kurse fördern, die die Fähigkeit zur Muße und die Ausbildung neokortikaler Fähigkeiten unterstützen. Das wäre eine sehr effektive, kurz- und langfristig lohnende Art der Prävention.

Merksätze

Wenn wir nicht bemerken, dass wir an ungültigen Konzepten hängen und sie mit reaktiven Emotionen verteidigen, geraten wir in der Falle der Ohnmacht, Wut und Rechthaberei. Wenn wir das bemerken, brauchen wir regelmäßig Zeiten der Muße, um unsere neokortikalen Fähigkeiten zu entwickeln.

Reflexion

Wie fördern Sie ihre neokortikalen Fähigkeiten? Können Sie ab und zu das eigene Verhalten mit Körper, Rede und Geist beobachten? Die Folgen Ihres Handelns abschätzen, bevor Sie »explodieren«? Die Komplexität Ihrer Erfahrungen und der Welt ahnen, wenn Sie politische Ereignisse kommentieren? Wo und wann empfinden Sie Wohlwollen, Freundlichkeit und Mitgefühl für Menschen, deren Ansichten, Einstellung und Verhaltensweisen Sie ablehnen?

Mitgefühl als Motor

Was du nicht willst, dass man dir tu',
das füg auch keinem andern zu.
Die Goldene Regel

Nach Einschätzung der Kulturgeschichte leben Menschen seit der Erfindung des Ackerbaus in unterschiedlichen Kulturzeiten. Das hat sich im 1. Jahrtausend vor unserer Zeitrechnung noch einmal verschärft. Diese Zeit wird Achsenzeit genannt, weil einige Menschen in mindestens vier Kulturen einen neuen, universalistischen Blick auf die Welt entdeckten, in China und Indien, in Griechenland und in der jüdischen Diaspora im babylonischen Exil (Jaspers 1971, Armstrong 2006).

Die Menschen dieser Kulturen lebten in einer dramatischen Umbruchzeit, im Übergang von der Stammesgesellschaft zu den ersten Großreichen. Einigen gelang es, über ihren Tellerrand hinauszublicken und universelles Mitgefühl zu entdecken. Sie begriffen, vermutlich ausgelöst durch ihr eigenes schweres Leid, dass auch die Fremden, die Menschen des Nachbarstammes leiden, wenn man sie überfällt, mit Krieg überzieht und ihnen Schaden zufügt. Wie dieses Mitgefühl entsteht und was es bewirken kann, darum geht es in diesem Abschnitt.

Der Quantensprung vom Stammesdenken zu einer universellen oder humanistischen Perspektive, den einige wenige Menschen vollzogen, ging einher mit bis heute bewunderten Fähigkeiten und Einstellungen. Ich halte sie für Voraussetzungen für ein demokratisches Miteinander in einer Welt der Vielfalt und fasse sie daher hier in meinen Worten zusammen. Zentral sind: 1. das *Hinterfragen* aller kollektiven Werte, die in Umbruchzeiten offensichtlich nicht mehr tragen. 2. *Individualisierung*, selber denken und Herauslösen aus kollektiven Strukturen. 3. *Einfühlung* in das eigene Leid und das von anderen. Einsicht in universelle Verbundenheit und in die Goldene Regel. 4. Die *Verinnerlichung* religiöser Inhalte. 5. Eine Ahnung der *Unfassbarkeit* der Tiefendimension des Lebens, der *Grenzen* des Denkens und der *Relativität* aller Vorstellungen und Theorien. 6. Der Wunsch nach *Seelenfrieden* und nicht primär nach fassbarem technischen oder intellektuellen Wissen. 7. Die tiefe Einsicht, dass wir Anteil an *beiden Dimensionen* des Lebens haben, der fassbaren und der unfassbaren Welt, der Immanenz und der Transzendenz. Auch wenn diese Vision heute noch nicht alle Menschen inspiriert und erst von wenigen auch gelebt werden kann, wurde sie doch nie mehr vergessen.

Die hier genannten Einstellungen und Fähigkeiten werden auch bei den weiblichen und männlichen Bodhisattvas im Mahayana-Buddhismus geschätzt, und ihre Liebe, Kraft und Weisheit setzte andere Akzente für die meditative Übung und für das Leben im Alltag.

Reflexion: Die Elemente der Achsenzeit

Welche Rolle spielen die folgenden Fähigkeiten in Ihrem Leben, dem Ihres nahen Umfelds und im Leben von Menschen, die Sie als Vorbilder ansehen:

1. das Hinterfragen aller kollektiven Werte, die in Umbruchzeiten offensichtlich nicht mehr tragen.
2. Individualisierung, selber denken und Herauslösen aus kollektiven Strukturen.
3. Einfühlung in das eigene Leid und das von anderen. Einsicht in universelle Verbundenheit und in die Goldene Regel.
4. die Verinnerlichung religiöser Inhalte.

5. eine Ahnung der Unfassbarkeit der Tiefendimension des Lebens und der Grenzen des Denkens und der Relativität aller Vorstellungen und Theorien.
6. der Wunsch nach Seelenfrieden und nicht primär nach fassbarem technischen oder intellektuellen Wissen.
7. die tiefe Einsicht, dass wir Anteil an beiden Dimensionen des Lebens haben, der fassbaren und der unfassbaren Welt, der Immanenz und der Transzendenz.

Das Mahayana

Alle spirituellen Lehren sind für euch selbst gedacht.
Für den Rest der Welt übt Mitgefühl und Ethik.
Lama Thubten Yeshe

Um die Zeitenwende erschien in Indien, etwa zeitgleich mit dem Christentum, eine neue buddhistische Bewegung, für die *Mitgefühl* und *Nächstenliebe* im Zentrum standen und nicht mehr die Verhaltensregeln. Diese blieben zwar weiterhin Grundlage der Übung, aber vor allem wurde Mitgefühl betont. In Abgrenzung gegen die eher *klösterlich* orientierten Schulen des frühen Buddhismus, nannte sich die neue Bewegung *Mahayana*, *großes* Fahrzeug, von *yana*, Fahrzeug, und *maha*, groß. Das sollte betonen, dass sich die Lehren und Übungen an alle Menschen richteten, auch und vor allem an die Laien. Die frühen Schulen erhielten von späteren, offensichtlich nicht mehr besonders mitfühlenden Nachfolger*innen den durchaus abschätzig gemeinten Namen *kleines* Fahrzeug, *Hinayana*, von *yana*, Fahrzeug, *hina*, klein.

Keine Bewegung scheint sich auf der Höhe ihrer Gründer*innen halten zu können, und die Nachkommen verwenden dann leider die eigenen Methoden nicht primär zur Einsicht in die eigenen Muster, sondern zur Abgrenzung gegen alle, die etwas anderes üben. Es scheint so zu sein, dass es keine flächendeckenden tiefen Einsichten in Liebe, Kraft und Weisheit gibt, egal, wer das in welcher Kultur und zu welcher Zeit lehrt und übt. Menschen bleiben Menschen, und wer das bei sich selbst entdeckt, wird großzügiger und geduldiger. Es sei denn, man hofft, durch mehr Druck tiefe Einsichten erzwingen zu können. Das halte ich für eine Sackgasse.

In der neuen Bewegung des Mahayana spielten nicht mehr primär Mönche und Männer – neben einigen wenigen Nonnen und Laienfrauen – die zentrale Rolle, sondern Laienübende beiderlei Geschlechts, auch wenn die weiblichen Bodhisattvas in manchen Überlieferungen nur sehr dünn gesät sind. Jede Gesellschaft und jede Religion ist so einfühlsam und mitfühlend, so klug und weise, so frauenfreundlich und tolerant wie ihr Führungspersonal. Mein wichtigster tibetischer Lehrer empfahl uns Ende der 1970er-Jahre immer und immer wieder: Die Lehren sind für euch selbst gedacht, dem Rest der Menschheit gegenüber übt Mitgefühl – und Ethik. Das ist ein weiser Rat, der leicht zu verstehen, aber nicht leicht umzusetzen ist. Könnten wir ihn beherzigen, gäbe es sehr viel weniger unangenehme Gefühle.

Das Mahayana verbreitete sich vor allem in China, Korea und Japan, und der frühe Buddhismus vor allem in Sri Lanka, Thailand und Myanmar, Laos und Kambodscha. In Vietnam sind beide großen Richtungen zu finden. Schon in Indien, aber auch in den von ihm inspirierten Kulturen, entwickelte das Mahayana viele neue Übungen und Lehren, die lokale Bräuche integrierten und sich an Menschen aller Schichten und Kulturen richteten (Schumann 2000, Zotz 1996).

Indien ist schon lange ein Großraum mit vielen unterschiedlichen Kulturen, und die Menschen im heutigen Indien sprechen knapp dreihundert Sprachen. Daher wirkt der Kampf der heutigen Hindu-Nationalisten um eine indische Leitkultur völlig absurd. Diese Idee erscheint als Ausdruck von Angst und Unsicherheit in einer globalisierten Welt. Umgeben sind sie von Staaten wie Pakistan und China, die sich gerne mit dem alten Ideal der Stammes-Nation stabilisieren würden, was aber auch bei ihrem Sammelsurium von ethnischen Gruppen und Stämmen absurd scheint. Bis zur Gründung des modernen Indien nach Ende der britischen Kolonialherrschaft konnten die regionalen indischen Reiche neue Stämme schnell als eigene Kaste in das alte indische Kastensystem integrieren.

Vielleicht war es die Stabilität des Kastensystems, die Indien jahrhundertelang eine tolerante Haltung zu seinen vielen Ethnien und religiösen Gruppen ermöglichte. Vielleicht fehlt seit der offiziellen Abschaffung der Kasten 1948, die allerdings bis heute das soziale Leben sehr stark bestimmen, eine Strategie zum Umgang mit Vielfalt, und jetzt steckt Indien in der Falle des Nationalismus, der absolut ungeeignet ist für einen Vielvölkerstaat. Das ist auch ein Hinweis darauf, dass schnelle Veränderungen oft nicht geeignet sind, das zu bewirken, was man damit anstrebte. Der Wind muss aus der Gesellschaft kommen, sagt man heutzutage. Zivilgesellschaftliche Bewegungen können viele kleine Lüftchen vielleicht zu einem kräftigen Windstoß bündeln, sodass ein Zeitfenster entsteht, in dem sich auch Wirtschaft und Politik verändern.

Die Leitfiguren des Mahayana sind die männlichen und weiblichen Bodhisattvas. Sie sind nicht besonders interessiert an der Erleuchtung, sondern wollen hier und jetzt ihr Bestes geben, um das Leid der Welt zu verringern. Traditionell heißt es, Bodhisattvas sind Wesen, *sattva*, die zum Wohle aller Wesen *bodhi*, erwachen, wollen. Sie wollen erwachen, weil sie nur dann den Wesen von Nutzen sein können. Aber vor allem wollen sie zum Wohle der Wesen leben und arbeiten und aus diesem Grund ihre eigene Erleuchtung »aufschieben«. Die beiden Aussagen scheinen widersprüchlich und zeigen die unaufhebbare Spannung, die ein Leben zum Wohle von anderen prägt.

Wir müssen einerseits viele Fähigkeiten haben, um wirksam helfen zu können, und andererseits können wir nicht warten, bis wir perfekt sind, bevor wir anderen helfen. Denn wie lernen wir, zum Wohle aller zu wirken? Indem wir mit dieser Absicht handeln und aus unserem Scheitern lernen. So interpretiere ich die Aussage, Bodhisattvas »schieben« ihr Erwachen »auf«, weil sie den Wesen jetzt beistehen wollen. Manchmal heißt es, Erwachen diene dem eigenen Wohl und tätiges Mitgefühl dem Wohl von anderen. Beide Ziele hängen zusammen und widersprechen sich manchmal, und Bodhisattvas halten diese Spannung aus.

Es geht Bodhisattvas also nicht primär um den eigenen Seelenfrieden, sondern darum, sich selbst so zu entwickeln, dass sie zu einer Quelle der Inspiration für andere werden und nicht Stein des Anstoßes. Wenn man die Bodhisattvas nicht aus eigenen Minderwertigkeitsgefühlen und aus einer tiefen Sehnsucht nach einer tollen spirituellen Familie zu magischen Wunderwesen erhöht, die als Märtyrer zum Wohle der anderen leiden oder sich rund um die Uhr ohne Erschöpfung um andere kümmern, können sie uns zu einem sinnvollen und bodenständigen Leben inspirieren.

Als Bodhisattvas in spe müssen wir nicht ins Kloster gehen, keine besondere Kleidung tragen und auch keinen speziellen Ausbildungsgang durchlaufen. Wir können die Lebensform wählen, die zu uns passt, und dann unser Bestes tun, je nachdem, was gerade möglich ist. Dabei unterstützen uns ein paar Regeln und Übungen und die Bereitschaft, unser eigenes Leiden zu spüren. Denn das ist die Voraussetzung, uns in andere einfühlen zu können und ihnen nach Möglichkeit beizustehen. Wenn wir einen leichten Zugang zu Mitgefühl haben, kann das unser Weg sein. Denn wer fühlt, was er sieht, tut, was er kann, wie ein Werbeplakat von Brot für die Welt in den 1990ern betonte.

Ich möchte hier zwei Ansätze vorstellen, die uns dabei unterstützen können, unser Mitgefühl für das Leid in der Welt konstruktiv zu leben, ohne zu verzweifeln und in Angst und Ohnmacht, politischen Weltschmerz und Wut zu verfallen: Mitgefühl als Weg und die Bodhisattva-Gelübde. Weitere Reflexionen und Übungen finden Sie im letzten Teil.

Mitgefühl als Weg

Wer fühlt, was er sieht, tut, was er kann.

Aus einem Spendenaufruf

Mitgefühl wird produktiv, wenn drei weitere Haltungen im Hintergrund mitschwingen: Wohlwollen, Freude und Gleichmut. Zusammen gelten sie als die vier zentralen heilenden oder himmlischen Gefühle. Wir können sie einzeln und zusammen üben, im stillen Sitzen und Singen, im Nachdenken und Ausprobieren. Sie entstehen mehr oder weniger spontan, wenn wir der grundlegenden Intelligenz oder Buddha-Natur in uns, allen und allem immer mehr vertrauen. Fehlen die drei Haltungen im Hintergrund, fühlen wir uns vom eigenen Leid und dem der anderen und der ganzen Welt überschwemmt, versinken in sentimentalem Mitleid und werden wütend auf die Menschen und Institutionen, denen wir die Schuld an unserem Leiden, einer Krankheit oder am Leid der Welt zuschreiben.

Wenn wir unsere *Angst* vor Leiden verringern wollen, können wir die Übung des Nehmens und Gebens, tib. *tonglen*, üben. Damit fördern wir unsere Fähigkeit, uns in eigenes oder fremdes Leid einzufühlen, und zwar im eigenen Tempo. Wir stellen uns vor, dass wir mit dem Einatmen einer Person, die wir schätzen, ihr Leiden abnehmen und ihr mit dem Ausatmen Glück schenken, und zwar genau das Glück, das sie unserer Meinung nach braucht. Wir stellen uns das einfach vor und können bei dieser Übung auch unsere Abwehr, allerlei Ängste und Befürchtungen entdecken und damit umgehen lernen. Auch wenn uns Menschen verletzt haben, können wir mit der Tonglen-Übung eigene Vorurteile und Muster erkennen und bei anderen das Leid hinter ihrem unangemessenen Verhalten entdecken. Bei dieser Übung geht es nicht darum, unser eigenes Leid und das der Welt »wegzuzaubern«, sondern unsere Haltung dem Leiden gegenüber genauer zu erforschen und Ängste abzubauen. Wenn wir feststellen, dass wir befürchten, wir könnten uns durch das Abnehmen von Leiden dieses Leiden selbst zuziehen, können wir uns vorstellen, dass wir die gute Energie und die Heilkräfte besonderer Menschen mit dem Einatmen aufnehmen. Wenn wir das nicht glauben, erkennen wir vielleicht, dass wir eher an eine Ansteckung durch Schmerzen als durch Heilkräfte glauben. Und damit erkennen wir ein ungültiges Konzept und können es vielleicht aufgeben. Übungen zu den vier himmlischen Gefühlen und zu Tonglen finden Sie im dritten Teil.

Der Weg zum Miteinander: Die Bodhisattva-Gelübde

Auf dem Weg zu einem guten Umgang mit schwierigen Erfahrungen und Gefühlen und zu einem konstruktiven Miteinander üben Bodhisattvas-in-spe vor allem *fünf heilsame Haltungen* und Handlungen. Das ist der Ansatz des japanischen Zen. Es gibt auch ausführlichere Listen mit 18 Haupt- und 46 Nebengelübden, aber damit brauchen Sie sich nicht zu beschäftigen, wenn die fünf folgenden Haltungen zu einem Teil Ihres Lebens werden. Sie sind als Empfehlungen formuliert:

1. Sprich nicht über die Fehler anderer, sondern erkenne deine schädlichen Muster. 2. Lobe dich nicht, indem du andere herabsetzt und abwertest. 3. Sei großzügig und nicht geizig. 4. Agiere Ärger und Wut nicht aus. 5. Nimm immer wieder Zuflucht zu den Drei Juwelen (siehe S. 89). In anderen Worten: Übe dich in tiefem Vertrauen, nenn es Gottvertrauen, Vertrauen ins Leben, die Natur oder den Kosmos.

Es liegt auf der Hand, dass man diese Haltungen niemandem vorschreiben, sondern nur durch das eigene positive Beispiel dazu inspirieren kann. Selbst wenn wir diese Haltungen gut finden und mit Hingabe üben wollen, werden wir immer wieder bemerken, dass das dem Zeitgeist widerspricht, der Authentizität predigt und Empörung und Wut über schlimme Verhältnisse rechtfertig.

1. Sprich nicht über die *Fehler anderer*, sondern erkenne deine eigenen schädlichen Muster. Ich übe das bei Konflikten mit Menschen aus meinem Umfeld, aber auch in Bezug auf die Einschätzung politischer Einstellungen. Das fällt mir oft schwer, aber ich bemerke dann, was bei mir abläuft, nämlich arrogantes Schimpfen über das, was all die populistischen

Dummköpfe sagen und tun. Ich kann und will und muss ihr Verhalten als falsch kritisieren, darf sie aber nicht als Personen aufgeben. Und das gelingt mir nur, wenn ich ansatzweise verstehe, warum sie was tun oder sagen. Über die Fehler anderer zu lästern bedeutet schlicht: Ich verstehe sie nicht, sondern halte sie einfach nur für beschränkt, dumm oder böse. Wie schon mehrfach betont, glaube ich, dass Menschen, die sich von populistischen Parolen angezogen fühlen, gründlich überfordert sind durch den modernen Universalismus und das postmoderne »anything goes«.

Wohlmeinende und gute Menschen, die ihnen dann Universalismus, Humanität und politisch korrektes Verhalten predigen, schauen oft nicht genau hin, ob die, denen sie das predigen, das auch hören können. Gut gemeint ist in diesem Fall schlicht nicht gut gemacht. Und darauf macht uns der Rechtsdrift in Europa, in den USA und anderswo vielleicht endlich aufmerksam. Wer die AfD, Alternative für Deutschland, auf alte Nazis und Ewiggestrige reduziert, versteht nicht, was schiefläuft in der westlichen Welt. Neben der sozialen Ungerechtigkeit geht es auch um die Inklusion der vormodernen Menschen. Inklusion sollte nicht nur für Minderheiten gelten, sondern auch für die Menschen, die von der Moderne und Postmoderne überfordert sind. So verstehe ich zumindest die zunehmende Polarisierung in den westlichen Gesellschaften.

2. Lobe dich nicht, indem du *andere herabsetzt und abwertest.* Auch das kann ich nicht aus dem Stand heraus. Ich finde meine Vision einer gerechten und toleranten Welt, mit humanitären und universalistischen Werten, mit Gleichberechtigung aller noch so unterschiedlichen Menschen eindeutig besser und ich halte die Gegner dieser Vision für engstirnig

und dumm. Das kann ich bemerken und dann erinnere ich mich daran, dass Bodhisattvas etwas anderes üben, nämlich andere nicht herabzusetzen oder abzuwerten und sie nicht aufzugeben. Das ist eine Übung und keine Vorschrift. Ich übe das. Mit Geduld und Ausdauer seit knapp vierzig Jahren. Es fällt mir nicht leicht, vor allem dann nicht, wenn ich »objektiv« gruselige Ansichten höre oder Verhaltensweisen beobachte oder davon höre.

3. Sei *großzügig* und nicht geizig. Diese Übung fällt mir vor allem dann leicht, wenn ich in der rechten Stimmung dazu bin. Aber was bedeutet Großzügigkeit objektiv, in Bezug auf meine materiellen Möglichkeiten? Darüber denke ich immer wieder nach und darüber spreche ich auch mit anderen. Das ist der Sinn der Übung, immer wieder darüber nachzudenken, was ich brauche und was ich abgeben kann, im eigenen Umfeld und darüber hinaus. Ich kenne einige Menschen, die seit Jahren ein Zehntel ihres Nettoeinkommens für humanitäre Zwecke spenden. Das finde ich großartig, ich orientiere mich daran und spende für Projekte, die ich sinnvoll und nachhaltig finde, zum Beispiel für eine Schule in Nordindien, die vor allem Kindern aus der Kaste der Unberührbaren eine kostenlose Ausbildung bietet und ihren Müttern eine einfache Berufsausbildung ermöglicht (alice-school.org).
4. *Agiere* Ärger und *Wut nicht aus*. Diese Übung ist eine große Herausforderung. Interessant finde ich, dass nicht gefordert wird, nie mehr wütend und ärgerlich zu sein. In der tibetischen Tradition darf man sogar mit den Buddhas schimpfen, dass sie nicht mehr tun, um diese Welt zu einem besseren Ort zu machen. Auch die jüdische Tradition kennt das Hadern mit Gott. Das ist eine wunderbare Art der Psychohygiene mit dem Segen Gottes und der Buddhas, die eine tiefe Einsicht

ausdrückt: Gefühle wollen uns etwas sagen, und wir müssen sie spüren und ihre Botschaft hören.

Wir »dürfen« uns also ärgern *und* bemühen uns gleichzeitig darum, unsere reaktiven Emotionen nicht an anderen auszulassen. So vermeiden wir zwei Fallen: angepasstes kindliches Brav-sein-Wollen, das letztlich zum Verdrängen unangenehmer Erfahrungen und Gefühle führt, und rücksichtsloses Dampfablassen und egozentrisches Ausagieren emotionaler Spannungen. Das schließt nicht aus, dass wir, wenn wir jemanden oder eine Gruppe durch unser kraftvolles Auftreten von zerstörerischen und schädlichen Handlungen abhalten können, das auch tun. Es sanktioniert aber keine Gewalt gegen Personen oder Sachen und keine Terrorakte zum Wohle des eigenen Stammes oder der eigenen Gruppe. Diese Übung finde ich sehr hilfreich. Auch wenn mir in hellen Momenten dämmert, dass ich sie manchmal auch als Schutz vor Streit benutze. Es geht aber bei all diesen Empfehlungen um das *Üben*, nicht um eine vorgestellte und nie erreichbare Perfektion.

5. Nimm immer wieder *Zuflucht* zu den Drei Juwelen. »Zuflucht« ist ein einfaches Modell, das den Mechanismus unterschiedlicher Ebenen und Dimensionen von *Vertrauen* beschreibt. Im Buddhismus nimmt man Zuflucht zu den Drei Juwelen, zu Buddha, Dharma und Sangha. *Buddha* steht für die wunderbaren Möglichkeiten, die wir als Menschen entwickeln können. *Dharma*, wörtlich das, was uns trägt, von *dhri*, tragen, sind Lehren und Übungen, die uns dabei helfen, unsere Möglichkeiten zu entfalten, und *Sangha* sind die Menschen, von denen wir lernen und mit denen wir üben. Diese Drei Juwelen sind kostbar und geben uns Orientierung im Alltag, wenn wir Vertrauen zum historischen Buddha, zu sei-

nen Lehren und zur Gemeinschaft seiner Nachfolger*innen, entwickeln, die diese Lehren selbst üben und weitergeben.

Reflexion: Die fünf Bodhisattva-Gelübde

Lassen Sie die fünf Empfehlungen auf sich wirken. Denken Sie daran, das sind Übungen und keine Vorschriften oder Gebote. Nehmen Sie jeweils eine Haltung mit in Ihren Alltag und schauen Sie, was sie bewirken:

1. Sprich nicht über die Fehler anderer, sondern erkenne deine schädlichen Muster.
2. Lobe dich nicht, indem du andere herabsetzt und abwertest.
3. Sei großzügig und nicht geizig.
4. Agiere Ärger und Wut nicht aus.
5. Nimm immer wieder Zuflucht zu den Drei Juwelen. In anderen Worten: Übe dich in tiefem Vertrauen, nenn es Gottvertrauen, Vertrauen ins Leben, die Natur oder den Kosmos.

Zuflucht und unerschütterliches Vertrauen

Im *Christentum* geschieht etwas ganz Ähnliches. Man verlässt sich auf den *unfassbaren* Gott und den *historischen* Jesus Christus, auf die *Bibel* und auf die *Kirche* in ihren vielen Formen und Konfessionen. In *demokratischen* Staaten orientiert man sich am *Ideal* der Demokratie, an der geschriebenen *Verfassung* und an den *Menschen*, die sie achten, auslegen und leben. Der *Humanismus* vertraut auf und glaubt an die Möglichkeit der *Vernunft* in allen Menschen, an Menschenrechte, *Menschenwürde* und Gleichberechtigung und an die *Kooperation* mit Menschen guten Willens aus allen Kulturen und Ländern. Platon nannte die Demokratie die beste aller schlechten Regierungsformen, und es wird vermutlich nie eine perfekte oder vollendete Demokratie geben. Aber die *Idee* der Demokratie, eine *Verfassung* und gute *Demokraten* können uns Orientierung sein.

Vertrauen kann man nicht erzwingen oder vorschreiben, es entsteht, wenn wir uns auf die Vision einer *Möglichkeit*, einen *Weg* und auf *Menschen*, die diesen Weg gehen, einlassen können. Das ist Chance und Risiko jeder Sicht auf die Welt. Nur wenn wir einen Weg selbst gehen – ob er nun Buddhismus oder Christentum, Demokratie oder Humanismus heißt –, entdecken wir das, was dieser Weg beschreibt. Aus meiner Sicht sind die *universellen* Wege kompatibel, denn sie sprechen im Prinzip *alle* Menschen an und schließen niemanden aus. Tiefes Vertrauen in Buddha, seine Lehren und die Sangha ist die Grundlage der freundlichen Einstellung aller Bodhisattvas. Sie wollen ihr Leben und Handeln dem Wohle aller Wesen widmen. Das können sie erst dann, wenn sie nicht nur auf ihre *eigene* Kraft und die *anderer* wohlmeinender Menschen vertrauen, sondern auf das Heilsame in allen und in *allem*.

Bezogen auf die drei Arten des Vertrauens vertrauen wir zunächst auf andere und nehmen Zuflucht im *Außen*, zu Buddha, Dharma und Sangha, die uns durch ihr Vorbild und ihre Weisheit inspirieren. Auf dieser Grundlage entsteht durch das eigene Üben *Selbstvertrauen*. Wir nehmen Zuflucht zu uns selbst, zu der Möglichkeit, den Weg zu gehen. Und schließlich finden wir *unerschütterliches* Vertrauen ins Leben, ins große Ganze, wenn wir die unfassbare Zuflucht entdecken, zu dem, was größer ist als wir und alle Menschen, und seien sie noch so weise, gut und heilig. Wir brauchen also alle drei Dimensionen des Vertrauens. Gottvertrauen allein reicht nicht, aber auch nicht das Vertrauen auf die Priester unserer Zeit, die Experten. Und wenn wir nur auf uns selbst vertrauen, sind wir schnell überfordert, denn auch wir wissen oft nicht, was wir tun und tun sollen. Auch wenn es nicht ausreicht für ein gelingendes Leben, so brauchen wir doch Selbstvertrauen.

Reflexion: Drei Dimensionen des Vertrauens

- Fragen Sie sich: Was ist meine Vision von Menschsein? Sind wir potenziell vernünftig, mitfühlend und kooperativ? Oder vor allem ängstlich, gierig und bequem? Welche Bedingungen können positive Fähigkeiten fördern? Welche Menschen inspirieren mich, sie zu entwickeln?

Individualisierung, Gewissen und Verantwortung

Der Weg zum Ende der Gewalt ist der Bodhisattva-Weg.

Als Vorbote der Neuzeit versuchte Thomas von Aquin, die Lehren des Aristoteles mit dem Christentum zu versöhnen, das heißt den Glauben an die Vernunft im Menschen mit dem Glauben an Gott. Er empfahl schon im 13. Jahrhundert: »Folge stets deinem Gewissen, auch wenn du irrst.« Manche Menschen verwechseln allerdings die Stimme des Gewissens mit dem Über-Ich, lehnen beides ab und schütten das Kind der Weisheit mit dem Bad des Über-Ich aus. Es braucht Selbstvertrauen und Zuversicht, Klarheit und Mut, die beiden zu unterscheiden. Der Rat des Thomas von Aquin »Folge stets deinem Gewissen« drückt ein tiefes Vertrauen in eine innere Weisheit aus, die wir hören lernen und der wir folgen sollen. Erst dann können wir erwachsen werden, zu einem Individuum, zu einer Person werden, die Verantwortung für ihr Verhalten übernehmen will und kann. Das ist die sozial so ungeheuer wertvolle Bedeutung der

Individualisierung: Wir werden fähig, selbstständig zu handeln und Verantwortung zu übernehmen für unser Denken und Fühlen, Reden und Tun, im Hinblick auf uns selbst und auf die Gemeinschaft und Gesellschaft, der wir angehören.

Es gibt einen wichtigen Unterschied zwischen *Individualisierung* und *Individuation.* Bei der modernen Individualisierung wird die Verbindung zur unfassbaren Tiefendimension, für die im europäisch-nahöstlichen Kulturraum der Begriff Gott steht, ignoriert oder explizit abgelehnt, denn das autonome Individuum will und kann keine Macht über sich dulden. Mit der Individuation (C. G. Jung) geht das tiefe Wissen einher, dass Selbstvertrauen nicht ausreicht, um die Herausforderungen des Lebens mit Zuversicht anzunehmen und angemessen damit umzugehen. Dazu brauchen wir ein unerschütterliches tiefes Vertrauen in das, was größer ist als unsere menschliche Liebe, Kraft und Weisheit. Darauf weist der Begriff unerschütterliche oder geheime Zuflucht im Buddhismus hin.

Bodhisattvas sind für mich Menschen, die *Verantwortung* für diese Welt übernehmen, weil sie die tiefe *Verbundenheit* mit allen und allem erkannt haben und aus diesem Wissen eine universelle Haltung einnehmen, ein grundsätzliches *Wohlwollen* allen gegenüber, auch denen, die aus Gier, Hass und Verblendung sich und anderen schaden. Aus diesem Wissen um Verbundenheit und aus einer universellen oder kosmopolitischen Haltung entstehen die *Kraft* und *Ausdauer*, die wir für die »Rettung der Welt« heute brauchen.

Das Denken im »Ihr-Wir«-Modus ist ein Erbe des Stammesdenkens, und das führt nur zu immer mehr Gewalt, ob wir es als Nationalismus oder Patriotismus à la »America first«, als Verteidigung des »Abendlandes« oder als religiösen Fundamentalismus – nur eine Religion ist die wahre – verkleiden. Ich gehe davon aus: Der einzige Weg zum Ende der Gewalt ist der Bodhisattva-Weg. Seine Grundlage und sein Motor ist Mitgefühl mit dem Leiden der Menschen und aller Wesen und der ganzen Welt. Und nicht die Identifikation mit einem Kanon von altem oder neuem Wissen, einer sozialen Gruppe oder einer religiösen Institution.

Bodhisattvas sind für mich keine spezifisch buddhistischen Wunderwesen und Heilige aus Asien, die eine spirituelle Lösung für alle Probleme in petto haben. Sie sind Menschen in und aus *allen* Kulturen, die sich bemühen, *mehrperspektivisch* zu denken und alle Beteiligten eines Konflikts zu verstehen, und die für diesen Ansatz *werben*. Das ist für mich auch die Voraussetzung für ein demokratisches Miteinander zu allen Zeiten, aber besonders zu Zeiten der intensiven und extensiven Globalisierung. Das ist ein Weg, auf dem wir immer und immer wieder scheitern werden, aber das macht nichts, denn was sollen wir sonst tun? Verzweifeln und die Welt den Bach runtergehen lassen? Oder die dummen Menschen zu unserer Vision einer perfekten Welt bekehren, ohne zu wissen, ob man jemals dahin kommen kann und wie das geht? Wir wissen einfach nicht, wie man eine perfekte Welt schaffen kann, und das können wir eigentlich leicht begreifen, wenn wir auch nur mit ein paar Menschen aus unserem Umfeld über unsere Vorstellungen reden.

Kernkompetenzen für eine globalisierte Welt: Die Paramitas

Wir leben in einer komplexen Welt, die sich schneller verändert, als wir wollen und nachvollziehen können, und die wir nie völlig in den Griff bekommen. Das macht Angst, wir fühlen uns unsicher und ohnmächtig, werden wütend und verzweifeln. Oder auch nicht. Zum unverzichtbaren Handgepäck der Bodhisattvas gehören *sechs Übungen*. Sie schenken ihnen die Kraft und Zuversicht, die sie auf ihrem unmöglichen und riskanten Weg brauchen: Großzügigkeit, ethisches Verhalten, Geduld, Ausdauer aus Freude am Heilsamen, Sammlung und Hingabe und schließlich tiefe Einsicht oder die Weisheit, die die Relativität aller Vorstellungen erkennt.

Diese sechs Paramitas sind das, was uns hilft, ans andere Ufer, *param*, zu gelangen, *ita*. Das andere Ufer ist eine Metapher für die Überwindung oder Transzendierung aller Gegensätze. Der schillernde Begriff *Transzendenz* deutet auf die Dimension hin, in der alle Begriffe und Vorstellungen *durchsichtig* und in ihrer Relativität erkannt werden. Transzendenz ist kein Etwas, kein fassbares Jenseits, in das die guten Menschen schon vor oder zumindest nach ihrem Tod gelangen, sondern steht für die Einsicht in die *Grenzen* unseres Denkens und unserer Vorstellungen.

Wir finden mit dieser Einsicht den »Ort« jenseits aller Gegensätze oder die Perspektive, von der aus unsere Gegensätze ihre relative Bedeutung gewinnen. Es geht nicht darum, ausschließlich gut und nie mehr böse zu sein, heilig und nicht weltlich, groß und nicht klein, nicht darum, immer Erfolg zu haben und keinen Misserfolg und so weiter, sondern darum, aus allen Erfahrungen zu lernen. Jedes Gefühl ist eine Botschaft, die wir nicht verstehen, wenn wir das Gefühl ablehnen oder idealisieren. Erfolg ist schön, aber er dauert nicht an. Und aus einem Misserfolg können wir manchmal mehr lernen als aus vielen Erfolgen. Erfolg kann übermütig und unvorsichtig machen, und das ist der erste Schritt zum Misserfolg.

Bodhisattvas haben keinerlei *Ehrgeiz,* irgendeinen *idealen Zustand* zu erreichen, denn sie wissen, dass keine Erfahrung andauert. Daher sind Zustände nicht die Lösung für die Probleme des Lebens: weder Erleuchtungserfahrungen noch die Erfahrung von Stille, weder höchstes Glück noch Nichtdenken. Diese Erfahrungen kommen vor, sind angenehm und vergehen wieder. Befreiung und Erleuchtung bedeutet aus der Perspektive der Bodhisattvas, sie nehmen das Leben, wie es ist, machen das Beste daraus für alle Beteiligten und gehen weiter. Sie hören auf, mit sich und der Welt und den Menschen zu hadern, die im Griff von Gier, Hass und Verblendung stecken. Sie rechnen mit Problemen, ohne sich davon niederdrücken zu lassen. Wer keine heile Welt erwartet, ist auch nicht enttäuscht, wenn sich Menschen unheilig und gemein verhalten.

Wer diesen Weg sinnvoll und hilfreich findet und ihn gehen möchte, ist eine oder ein Bodhisattva-in-spe. Wir üben auf dem Kissen und auf Übungstagen, in Schweige-Retreats und im Alltag sechs Haltungen, immer und immer wieder. Und wenn wir scheitern, wissen wir, dass wir üben, denn sonst würden wir unser Verhalten gar nicht als Scheitern bemerken und benennen. Außerdem zeigt uns jedes Gefühl des Scheiterns, dass wir zumindest eine grobe Ahnung von einem angemesseneren Verhalten haben. Im Unterschied zu spirituellem Leistungssport sind wir nicht frustriert und wütend auf uns oder die anderen, weil wir mal wieder hinter unseren Erwartungen zurückgeblieben sind, sondern wir üben einfach weiter.

Auf die *Freude* am Heilsamen gehe ich hier kurz ein, denn ich liebe diesen Hinweis: *Kraft* und *Ausdauer* entstehen aus *Freude* am *heilsamen Tun* und werden genährt durch tiefes *Interesse*. Wenn wir also wenig Energie für das haben, was wir tun wollen, können wir so lange genauer hinschauen, bis wir wissen, was uns daran interessiert. Meine Mutter gab mir den guten Rat: »Wenn du etwas tun musst, dann mache es mit Freude, dann fällt es dir leichter.« Das gelingt mir nicht immer, aber häufig genug. Wenn ich es nicht schaffe, eine Aufgabe mit Freude zu erledigen, versuche ich sie abzugeben oder zu delegieren oder – ich mache sie einer anderen Person zuliebe. Wenn das auch nicht funktioniert, hilft mir Einsicht in die Notwendigkeit.

Reflexion: Die sechs Paramitas
Wo und wann fällt uns folgendes Verhalten leicht und welche Umstände geben uns die Gelegenheit, es zu üben, ohne Anspruch auf Perfektion: Großzügigkeit, ethisches Verhalten, Geduld, Ausdauer aus Freude am Heilsamen, Sammlung oder Hingabe an ein Tun und schließlich tiefe Einsicht oder die Weisheit, die die Relativität aller Vorstellungen erkennt.

Reflexion: Freude und Interesse wecken Energie
In welchem Bereich hätten wir gerne mehr Energie und Ausdauer? Was genau macht uns daran Freude? Was interessiert uns besonders an dieser Sache?

Chancen und Risiken von Achtsamkeit und Mitgefühl

Die Übungen des *frühen Buddhismus* sprechen uns in erster Linie als *Einzelne* an und betonen Aufmerksamkeit und *Achtsamkeit*, ethisches Verhalten, Regeln und die Möglichkeit der *Kontrolle*. Diese Methoden fördern vor allem die Fähigkeit, das eigene Verhalten mit Körper, Rede und Geist zu beobachten und Verantwortung für unser Verhalten zu übernehmen, es zu überprüfen und bei Bedarf zu korrigieren. Dieser Ansatz unterstützt uns sozusagen beim Erwachsenwerden. Diese Methoden waren und sind daher besonders für die Menschen geeignet, die erwachsen werden und diese Fähigkeiten entwickeln wollen. Dass dieser Ansatz bis heute in Asien sehr beliebt und wirksam ist, hat vermutlich damit zu tun, dass dort immer noch die meisten Menschen in kollektiven Strukturen leben und einen Weg zu einer größeren Eigenständigkeit suchen. Menschen im Westen, die bereits Kontrollfreaks sind, sich und die Welt mehr oder weniger im Griff haben und noch besser in den Griff bekommen wollen, werden mit diesen Übungen vermutlich weder ihr Herz öffnen noch ihren Geist klären, sondern vor allem ihre eingefahrenen Gewohnheiten und Muster stärken.

Wir machen alle am liebsten das, was wir bereits können, und wählen daher meist die psychologischen und spirituellen Methoden aus, die unseren Mustern entsprechen, sie rechtfertigen und verstärken. Menschen aus unserem nahen Umfeld, die uns gut kennen und schätzen, bemerken meist schneller als wir, ob wir uns durch diese Methoden zu unserem Vorteil verändern, umgänglicher, offener und humorvoller werden oder uns hinter neuen Methoden abschotten oder damit Unsicherheit und Misstrauen, Ängste und eingefahrene Gewohnheiten rechtfertigen und stabilisieren.

Das *Mahayana* setzt bei unseren *sozialen* Fähigkeiten an und nutzt unser natürliches Einfühlungsvermögen und unser Mitgefühl als Motor des Weges. Bildlich gesprochen sitzen wir bei den Übungen des frühen Buddhismus alleine auf dem Kissen und bemühen uns um die Regulierung unserer Gefühle und unseres Verhaltens mit Achtsamkeit und ethischen Regeln. Auf dem Mahayana-Weg üben wir zum Wohle aller Wesen, und sie stehen bei all unserem Tun sozusagen hinter uns, feuern uns an und stärken uns den Rücken nach dem Motto: »Bitte übe weiter, wir brauchen dich.«

Wer einigermaßen stabil ist, seine Emotionen gut regulieren kann und mit sich und seinen Mitmenschen zurechtkommt, kann sehr profitieren von den Übungen zur Herzensschulung und des Geistestrainings im Mahayana, die uns dabei unterstützen, das eigene Leiden und das von anderen anzunehmen und mit den Übungen des Mitgefühls in tätige Nächstenliebe zu verwandeln. Die Hinweise zur Relativierung der eigenen Vorstellungen fördern mehrperspektivisches Denken und die Fähigkeit, uns und andere besser zu verstehen.

Wem es leichter fällt, sich in andere einzufühlen, als die eigenen Schmerzen zu spüren, wird sich vermutlich mit dem *Leid* der anderen *identifizieren* und gerät so in die Falle des *sentimentalen Mitleids*. Das gilt als naher Feind des Mitgefühls, weil wir die beiden Gefühle so leicht verwechseln. Sentimentales Mitleid führt schnell zu Überforderung und zum Ausbrennen. Und dann werden wir wütend auf die Menschen und Institutionen, denen wir die Schuld für das Leid der Welt zuschreiben. Helfersyndrom und Burnout lassen grüßen.

Echtes *konstruktives* Mitgefühl wird möglich, wenn wir unser eigenes Leiden gut spüren und uns in das von anderen *einfühlen* können, aber gut *unterscheiden* können zwischen ihrem und unserem Leiden. Und wenn wir ein gewisses Maß an *Zuversicht* spüren, dass unser und ihr Leiden weniger werden kann. Und wenn wir unsere *Ressourcen* und die der anderen erkennen, schätzen und pflegen. Dazu gehören vor allem Freude, Beziehungen und Sinn. Darauf gehe ich im letzen Teil näher ein (Wetzel 2014).

Reine Sicht: Alle sind schon erwacht.

Alle Wesen sind Buddhas.

Der tantrische Strang des Mahayana, auch Mantrayana oder Vajrayana genannt, ist ein Weg für *Erwachsene*, die *Verantwortung* für ihr Verhalten übernehmen wollen und können, *zum Wohle aller* leben und wirken wollen und tiefes *Vertrauen* auf die unfassbare Intelligenz in uns und allen und allem haben. Mit tantrischen Übungen machen wir uns mit der *Perspektive* des *Erwachens* vertraut und lernen, wenn wir kompetent begleitet werden, *alle* menschlichen *Energien* in den Weg zu integrieren. Wir tun so, als ob wir und alle anderen erwacht seien, schauen so auf die Welt und verhalten uns danach.

Wenn wir solche Übungen machen, um das Gefühl der Minderwertigkeit und des Selbstzweifels zu kompensieren, geht das in der Regel schief. Wir entwickeln Stolz auf unsere wunderbaren exotischen Übungen und unsere vorgestellte reine Sicht, schauen mitleidig auf andere herab, die sich mit anstrengenden Regeln, Kontrolle und Mitgefühl abplagen, und stabilisieren damit bloß unser Mangelgefühl. Die Lehren und Übungen der sogenannten *verrückten Weisheit* wurden und werden in einigen tibetischen Traditionen idealerweise von erfahrenen Yogis und Yoginis gezielt eingesetzt, um durch provozierendes Verhalten intellektuellen und moralischen Dogmatismus, Frömmlerei und spirituelle Arroganz zu entlarven.

Wenn westliche Menschen aus pubertärem Widerstand gegen Regeln und gegen etablierte Formen religiöser Praxis ihre reaktiven Emotionen, Wut, Arroganz und Frustration mit verrückter Weisheit rechtfertigen, schaden sie nicht nur sich selbst, sondern vor allem den Menschen, für die die Methoden der verrückten Weisheit ungeeignet sind und die damit nichts anfangen können. Ich bin sehr froh, dass die tibetischen Traditionen auch sehr eigenwillige Methoden bewahrt haben und sie, soweit ich das überblicken kann, in der Regel sehr verantwortungsvoll nur an dafür geeignete Personen weitergeben und vor ihrem Missbrauch warnen, aber ich kenne auch Fälle, wo das nicht geschehen ist. Und das ist schade. Aber vielleicht ist es eine unrealistische Erwartung, dass alle Menschen verantwortungsvoll mit ihrem Wissen umgehen. Auch in der Wissenschaft wird leider nicht nur das umgesetzt, was der Mehrzahl der Menschen nützt, sondern fast alles, was man machen kann. Ich hoffe aufgrund meiner guten Erfahrungen weiterhin darauf, dass es zu jeder Zeit und überall genügend verantwortungsvolle Menschen gibt, die zumindest auf die Fallen und Gefahren eines Ansatzes hinweisen.

Eine kleine Übung kann uns eine Ahnung von der großen Kraft des tantrischen Ansatzes geben, der auf dem unerschütterlichen Vertrauen beruht, dass es tiefe Weisheit in uns und allen gibt. Ich übe seit 1977, also rund vierzig Jahre, die Praxis der *Grünen Tara*. Sie ist ein Bild des Erwachens in weiblicher Gestalt und sie war für mich das Tor zum Buddhismus. Ich habe sie im Sommer 1981 unseren bäuerlichen Nachbarn in Niederbayern als »Maria von Asien« vorgestellt, und damit waren wir mit unserem tibetisch-buddhistischen Zentrum in einem kleinen Dorf akzeptiert. Die Grüne Tara ist eine Bodhisattva-Figur, die für furchtloses und mitfühlendes, kluges und großzügiges Handeln und für Sammlung und Einsicht steht.

Als ich 1979, zwei Jahre nach meiner Begegnung mit dem tibetischen Buddhismus im Sommer 1977, wieder nach Berlin zurückkehrte, fuhr ich viel mit der U-Bahn. Ich schaute mir meine Mitreisenden aufmerksam und freundlich an und probierte eine kleine tantrische Übung, die mein Lehrer Lama Thubten Yeshe seinen westlichen Schülern für das Leben im Westen empfohlen hatte: »Schau alle Menschen mit folgender Haltung an: Ihr seid alle erwacht, ihr seid alle Tara oder Buddha. Ich bin die Einzige, die noch nicht erwacht ist. Alle geben sich die größte Mühe, mich auf meinem Weg des Erwachens zu unterstützen. Sie fordern mich immer wieder heraus, damit ich die sechs Paramitas übe.« Einerseits musste ich immer innerlich lächeln, wen ich da als erwacht sehen sollte, denn in Berlins U-Bahnen findet man eine sehr bunte Ansammlung von Menschen, die nicht unbedingt meinen Vorstellungen von kultivierten, rücksichtsvollen und sympathischen Erwachsenen entsprechen und daher leicht allerlei Vorurteile aktivieren.

Wenn Sie mit dieser Vorstellung nichts anfangen können, stellen Sie sich, wenn Sie das nächste Mal mit vielen Menschen zusammen sind, vielleicht vor: »Diese Menschen schätzen alle unsere Verfassung und achten Menschenwürde und Menschenrechte. Sie verhalten sich nur etwas provokant, weil sie mich auf meine Vorurteile hinweisen wollen, die ich ja überwinden muss, wenn ich eine echte humanistische und universelle Haltung entwickeln will.«

Übung

- Schauen Sie sich bei einer Fahrt mit der U- oder S-Bahn Ihre Mitreisenden an und denken Sie: Diese Menschen sind alle erwacht. Diese Menschen haben alle keinerlei Vorurteile mehr. Sie wollen mir durch ihr Verhalten bloß helfen, meine Unzulänglichkeiten zu erkennen und zu überwinden.

6. Authentisch ist das neue Wahr, nicht wahr?

Wenn wir nicht wissen, was wir denken, sagen und tun sollen, verunsichert sind, uns ohnmächtig und etwas verloren fühlen, dann halten wir an etwas fest. Was das ist, hat mit unseren kulturellen, biografischen und individuellen Prägungen zu tun, das heißt mit dem, was wir schon kennen und was uns leichtfällt. Falls wir uns allerdings gerade in einer rebellischen Phase des Lebens befinden oder generell ein eher rebellisches Temperament haben, finden wir alle bekannten und bewährten Ansätze uninteressant und wollen es auf alle Fälle ganz anders machen als reale oder vorgestellte Autoritäten. Statt an Konventionen, Höflichkeit oder moralischen Regeln festzuhalten, halten wir am Widerstand dagegen fest. Das kann gute Gründe haben, reicht aber nicht aus für ein gelingendes Leben.

Widerstand und Rebellion gehören zum Erwachsenwerden dazu. Sie sind seine notwendige Voraussetzung, denn wer nie rebelliert, wird nicht wirklich erwachsen, sondern führt das Leben der anderen und ahmt ihre Konventionen nach. Wer aber sein Leben lang rebelliert, findet den eigenen Weg auch nicht, sondern definiert seine Werte und Anliegen in Abgrenzung zu dem, was er kennt, und blockiert die je eigenen Möglichkeiten.

Als Reaktion auf bürgerliche Doppelmoral und auf die Enge repressiver Konventionen entstand im Zuge der Studenten- und Frauenbewegung ab den späten 1960er- bis in die 1980er-Jahre eine Bewegung, die sich für die Befreiung bisher unterdrückter Gefühle einsetzte. Im Widerstand gegen die Vorherrschaft des Rechengeistes, des bloß auf Effizienz setzenden Verstandes in Wirtschaft, Gesellschaft und Politik wurde in einer Art zweiter Romantik (Safranski 2010) vermehrt die Bedeutung von Körper, Gefühlen und Emotionen betont. Vermutlich hat es auch mit dem Hinterfragen aller etablierten Ansichten und der Relativierung jedes Anspruches auf objektive Wahrheit zu tun, dass man eine andere Orientierung suchte. Plötzlich galten Gefühle und Emotionen als wahrer und tiefer als jede begriffliche Einsicht. »Man sieht nur mit dem Herzen gut«, sagt der kleine Prinz, und er hat recht. Was ist damit gemeint?

Manche verstehen darunter das Ausleben von triebhaften Bedürfnissen, gefühlsmäßigen Vorlieben und Abneigungen und von reaktiven Emotionen. Man könnte sagen, für diese Menschen ist »authentisch das neue Wahr«. Sie werfen Rechenverstand und Vernunft in einen Topf, misstrauen Argumenten als bloß rational und idealisieren Körper und Gefühle. Ich gehe davon aus, dass wir alle Dimension unserer Erfahrungen brauchen: Körper und Sinne, Herz und Verstand, wenn wir uns und die Welt begreifen wollen.

Ausagieren, unterdrücken oder verdrängen?

Ich habe drei *Perspektiven* auf Erfahrungen unterschieden, die mit unterschiedlichen *emotionalen* Strategien einhergehen: die kindliche Perspektive, die Eltern- oder Über-Ich-Perspektive und die erwachsene Perspektive (siehe S. 54). Überlassen wir unseren kindlichen Seiten die Regie, drücken wir Gefühle direkt und unverstellt aus, wir fühlen uns lebendig und echt. Die pubertäre Variante ist meist mit viel Lust und Frust gemischt und will Grenzen austesten. Betrachten wir das Leben aus der Perspektive der verinnerlichten Eltern und der kulturellen Normen, ignorieren wir unpassende Gefühle und Emotionen oder unterdrücken sie.

Nur aus einer erwachsenen Perspektive können wir einigermaßen gut unterscheiden, was in welcher Situation auch angemessen ist, für uns und für die anderen. Das müssen wir lernen, sonst kommen wir mit unseren Mitmenschen nicht besonders gut aus, und das wäre doch schade. Die anderen sind ja weder dazu da, unsere Wünsche und Bedürfnisse zu erfüllen, noch uns vorzuschreiben, wie wir zu leben haben. Oder sehen wir darin Sinn und Zweck ihres Lebens? Bei vielen Konflikten könnte sich die aufgeregte Stimmung schon etwas beruhigen, wenn auch nur *eine* Person sich an die Goldene Regel erinnern und sie beherzigen würde. Einige Konflikte können mittel- und langfristig dadurch entschärft werden, dass wir das, was wir von anderen erwarten, einfach selber tun. Wer unter mangelnder Anerkennung leidet, könnte ab und zu das positive Verhalten von Kolleginnen und Nachbarn, Angehörigen und Bekannten loben und nicht bloß für selbstverständlich halten.

Der Kulturpsychologe Erich Neumann unterscheidet zwischen *bewusstem Unterdrücken* und *unbewusstem Verdrängen* (Neumann 1964). Wenn wir aus Rücksicht oder Freundlichkeit, aus Wertschätzung ethischer Regeln oder einer langjährigen Beziehung negative Gefühle, reaktive Emotionen oder den Impuls zu verletzen, nicht ausagieren, schaden wir uns damit nicht, sondern wir werden erwachsen. Wenn wir lernen, Impulse, Gedanken und Emotionen zu bemerken, bevor wir sie ausdrücken, bleibt uns ein bisschen Raum, sie zu überprüfen, und erst dann können wir im Einklang mit unseren Werten handeln und sind nicht bloß Spielball von Meinungen und Gefühlen, Vorurteilen und Mustern. Wenn wir immer wieder darauf achten, wann und wie und warum wir in schwierigen Situationen emotional auf alte und älteste Muster zurückfallen, lernen wir die Fähigkeit, innezuhalten und Ansichten und Gefühle zu bemerken, bevor wir handeln, immer mehr schätzen. Vermutlich arbeiten die meisten Menschen lieber mit Leuten zusammen, die ein bisschen Selbstbeherrschung, Höflichkeit und Rücksicht kennen und leben. Ich schätze diese Fähigkeiten, rechne aber auch damit, dass sich Menschen in schwierigen Situationen suboptimal verhalten.

Wenn wir aus *Angst* vor Ablehnung und Sanktionen schwierige Gefühle und heftige Emotionen häufig *ignorieren*, *verdrängen* wir sie vermutlich, weil sie zu weh tun. Sie verschwinden dann zwar aus unserem Bewusstsein und wir bemerken sie nicht mehr, aber sie wirken unerkannt weiter in unserer emotionalen Unterwelt. Das ist nicht nur für uns unangenehm, weil wir uns dann diffus unwohl und angespannt fühlen, sondern auch gefährlich, denn wir stecken damit auch andere an, vor allem Menschen, die emotional unausgeglichen und labil sind.

Es geht also nicht darum, unsere Gefühle und Emotionen, Ansichten und Vorurteile unter dem Vorwand der Authentizität auszuagieren, sondern darum, sie zu *bemerken*, denn erst dann können wir sie überprüfen und herausfinden, was sie uns über uns selbst und die Welt sagen wollen. Das können wir nicht durch Bücher und im Internet lernen. Dazu brauchen wir Realkontakt mit wirklichen Menschen, und zwar regelmäßig und über einen längeren Zeitraum. Nur so entwickeln wir das notwendige Feingefühl für unsere und ihre Wünsche und Bedürfnisse, ihre Ängste und Befürchtungen, ihre Stärken und Schwächen. Im regelmäßigen *unbeschwerten* Kontakt mit anderen lernen wir uns und andere realistischer einzuschätzen und müssen Unterschiedlichkeit nicht als Bedrohung fürchten, sondern empfinden sie als Bereicherung.

Vom Wandel der Identität

Das einzig Beständige ist der Wandel.

Alles verändert sich, wenn du es veränderst,
doch du kannst nicht gewinnen, solange du allein bist.
Ton Steine Scherben

Alles verändert sich, ob wir das wollen oder nicht. Nicht nur dann, wenn *wir* es verändern, sondern einfach so. Das Leben ist zu komplex, als dass wir jemals völlige *Sicherheit* und *Gewissheit* finden könnten. Aber es gibt eine relative Sicherheit und Gewissheit, die uns auch in unruhigen Zeiten tragen können. Wir leben in Europa auf einem alten Kontinent, mit Städten und Dörfern, die zum Teil schon zur Zeit des Römischen Reiches existierten, unser Recht ist vom römischen Recht geprägt und die katholische Kirche, die älteste Institution der Welt, existiert schon fast zweitausend Jahre. Ein grobes Wissen über die Geschichte des eigenen Landes und der Region, über Kultur, Religion und Gesellschaft, in der wir leben, kann uns genügend Sicherheit und Gewissheit geben, dass wir nicht verzweifeln, wenn die Zeiten mal wieder stürmisch sind.

Ich lese gerne Bücher über Geschichte und historische Romane aus aller Welt, und diese Lektüre beruhigt mich immer wieder. Einerseits lese ich da, dass sich auch ziemlich stabile Kulturen, Reiche und Staaten nach Jahrhunderten wieder verändern, zum Vorteil oder zum Nachteil, je nachdem. Diese Bücher erzählen uns aber auch, dass es immer wieder weiterging. Manchmal sage ich scherzhaft, »wir«, das heißt unsere Ahnen in Europa, haben den Untergang des Römischen Reiches, den Dreißigjährigen Krieg, kleinere und größere Eiszeiten und

Warmzeiten, zwei Weltkriege und weitere Katastrophen überlebt. Wir sind offensichtlich die Nachkommen von Menschen, die überlebt haben (Morris 2011). *Zuversicht* ist ein wesentlicher Faktor für Veränderungen zum Positiven. Wenn wir allerdings fest daran glauben, dass die Welt demnächst untergeht, ist das eine der vielen Bedingungen, die eine Veränderung zum Schlechteren möglich macht.

Umbruchzeiten sind anstrengend, denn vertraute Elemente unserer Welt verändern sich und wir wissen nicht, wie wir damit umgehen sollen. Es wundert mich nicht, dass Fort- und Weiterbildungen boomen und ständig neue Ratgeber geschrieben und verkauft werden. Gerade in Umbruchzeiten suchen Menschen Orientierung. Unangenehme und schwierige Gefühle wollen uns darauf hinweisen, dass etwas nicht stimmt. Leider können wir ihre Botschaften nicht immer verstehen und manchmal wollen wir sie nicht hören. Ein Anliegen dieses Buches ist, Sie zu ermutigen, auf ihre *Gefühle* zu *hören*. Ich meine damit nicht, ihnen blind zu folgen, denn dann würden vermutlich immer mehr Menschen ohnmächtig jammern oder sich mit ohnmächtiger Wut bekriegen. Es geht darum, sie wahrzunehmen, zu spüren und herauszufinden, worauf sie uns hinweisen wollen.

Gefühle haben mit unserem ganzen Leben zu tun. Sie sind keine bloß individuelle Angelegenheit, denn sie entstehen nicht unabhängig von unseren Erfahrungen. Da wir sie aber *selbst* erleben, müssen wir lernen, mit ihnen umzugehen. Damit wir das können, müssen wir auf sie hören und ihre Botschaften entschlüsseln. Manchmal alleine und manchmal mit anderen zusammen. Im dritten Teil dieses Buches werde ich Gruppen von Gefühlen in ihrem sozialen Zusammenhang beschreiben und auf unterschiedliche Methoden und Bedingungen hinweisen, die uns helfen, das Beste daraus zu machen. Wir können Bedingungen erkennen und schaffen, die uns dabei unterstützen. Wenn es stimmt, dass Gefühle das Salz in der Suppe des Lebens sind, kommt es darauf an, das rechte Maß zu finden. Wer mag schon eine fade oder versalzene Suppe essen?

TEIL DREI:

Schwierige und himmlische Gefühle

7. Gier, Hass, Verblendung & Co.

Unwissenheit schützt nicht vor Strafe.

Es gibt keine Sünder, nur Narren.

Indisch

Denn sie wissen nicht, was sie tun.

Jesus Christus

Was können wir wissen? Was dürfen wir hoffen?
Was sollen wir tun? Was ist der Mensch?

Immanuel Kant

Dummheit, Einsicht und Moral

Was haben unser *Moralgefühl* und unser ethisches oder unethisches *Verhalten* mit *Einsicht* zu tun? Gibt es gute und schlechte Menschen? Woher kommt das Böse, das Menschen sich und anderen antun? Immanuel Kant stellte vier Fragen, die den Hintergrund vieler tiefer Fragen nach Sinn und Unsinn des Lebens bilden: Was können wir *wissen*? Was dürfen wir hoffen? Was sollen wir *tun*? Was ist der *Mensch*? Es hängt von unserem Menschenbild ab, wie wir diese Fragen beantworten. Wir können nicht wissen, was der Mensch »an sich« und im Prinzip ist, kann und soll, denn es gibt nur *einzelne* Menschen, die wir *konkret* erleben und beobachten und mit denen wir zusammen arbeiten und reden können.

Ich *glaube*, dass Menschen »von Natur aus« freundlich und mitfühlend, dankbar und gelassen sein *können*, wenn sie die

Bedingungen finden, die die Entwicklung dieser himmlischen Haltungen ermöglichen und fördern. Ich sehe und höre davon, dass es manchen Menschen mehr gelingt, ihre Liebe, Kraft und Weisheit zu entwickeln, selbst unter schwierigen Bedingungen, und dass sich andere auch unter relativ günstigen Bedingungen unfreundlich und rücksichtslos verhalten. Man kann manchmal Bedingungen erkennen und beschreiben, die konstruktives Verhalten fördern und destruktives verhindern und diese Bedingungen nach Kräften fördern, aber die *wahren* Ursachen für das Verhalten der Menschen finden wir nie. Das Leben und die Menschen sind wohl zu komplex für einfache Erklärungen, und das kann uns von dem Druck, eine heile Welt schaffen zu müssen, entlasten und die *Bescheidenheit* wecken, die es braucht, mit den Menschen im Plural auszukommen. So sehe ich die Welt derzeit, und diese Sicht beruht auf meiner Lebenserfahrung, auf Begegnungen und Gesprächen und viel Lektüre.

Ich setze mich so gut ich kann dafür ein, dass gute Lebensbedingungen für möglichst viele Menschen geschaffen werden, damit sie ihre positiven Seiten entwickeln können. Und ich freue mich über alle, die das auch tun. Ich rechne aber auch damit, dass sich einige Menschen nicht um andere kümmern, sondern nur ihr eigenes sehr eng gefasstes Wohl im Auge haben. Ich unterscheide, wie unser Rechtssystem, zwischen einer *Person* und ihrem *Verhalten*, verurteile destruktives Verhalten als schlecht, böse und schädlich und hoffe darauf, dass die Einsicht in die Folgen ihres Handelns diese Menschen zu einem konstruktiveren Verhalten motivieren kann. Es gibt aus meiner Sicht *keine schlechten Menschen*, sondern nur Menschen, die sich böse und schädlich verhalten: aus Gier, Hass und Verblendung, aus Unwissenheit und Angst, aus Ohnmacht, Wut und dem Gefühl, zu kurz zu kommen.

Konsum, Krieg und Ideologie: Gier, Hass und Verblendung

Der Buddhismus beschreibt unterschiedliche Gruppen von schwierigen Gefühlen. Am häufigsten erwähnt werden »Gier, Hass und Verblendung«. Sie gelten als die »drei Gifte«, die den Frieden unseres Herzens *stören* und damit unser Leben *vergiften*. Das sind zwei starke Bilder. Das eine spricht von der Macht dieser Art von Gefühlen, den Frieden des Herzens zu zerstören, *und* drückt damit aus, dass der Friede des Herzens der höchste Wert ist. Das andere, dass sie langsam und unauffällig wie ein Gift wirken, das sich in unser Leben schleicht und es zerstört. Wehret den Anfängen, auch wenn sie kaum spürbar sind, denn sie haben schlimme Folgen. Darauf kann uns das Bild vom Gift hinweisen.

Der historische Buddha lehrte in einer Umbruchzeit, als im 5. Jahrhundert v. Chr. in Indien viele kleine Wahlfürstentümer zerfielen und sich erste Großreiche bildeten. Es leuchtet ein, dass in solchen Zeiten für einige nachdenkliche Menschen nicht unbedingt Ruhm, Ehre, Besitz und Sinnesfreuden an erster Stelle standen, sondern *Seelenfrieden*. Einen Weg zum Seelenfrieden lehrten ab der gleichen Zeit die Stoiker in Griechenland, denn auch sie lebten in einer Umbruchzeit. Jede Zeit hat ihre *Lieblingssorgen* und ihre dazu passenden Sehnsüchte.

In unruhigen Zeiten schätzt und sucht man Ruhe. Seit den späten 1970er- und 1980er-Jahren sehnen sich einige wenige Menschen in Europa nach Innehalten, Meditation und Achtsamkeit, und seit den 1990er-Jahren werden es immer mehr. Der 2015 verstorbene Bundeskanzler a. D. Helmut Schmidt erzählte, dass er häufig Mut und Trost fand in den Betrachtungen des Stoiker-Kaisers Marc Aurel. Meditation scheint einen

Ausweg aus der Hektik und Unruhe der Zeit zu bieten. Leider wird sie nicht immer als Anstoß zu einer grundlegenden Veränderung des Lebensstils und der Umkehr gesehen, sondern als neues Wundermittel zur Selbstoptimierung.

Gier zeigt sich in unserer Zeit als Neigung zu Zerstreuung und Ablenkung, als besinnungsloser Konsum und in immer mehr Fällen als Suchtverhalten. Weil wir nicht wissen, was uns wirklich am Herzen liegt, kennen wir auch keinen Herzensfrieden, sind unruhig und deckeln diese Unruhe mit ständig neuen Reizen. Wir jagen nach immer neuen Sinneswahrnehmungen und Sinnesfreuden, ohne sie wirklich genießen zu können. Eigentlich wissen wir in hellen Momenten, dass weniger oft mehr ist. Mäßigung bringt mehr Genuss als Übermaß, und kleine Sternstunden zeigen uns das, immer und immer wieder.

Hass zeigt sich als Nörgelei und Genervtsein, als Streitsucht, Ungeduld und vor allem als aggressive Verwirrung. Wer tagtäglich vor allem negative Nachrichten sieht, hört und liest, kann das nicht durch konstruktives Verhalten verarbeiten, sondern wird davon überwältigt, fühlt sich hilflos und ohnmächtig und wird wütend. Hilfreich finde ich einen Blick auf die Sprache. »*Sich* ärgern« ist ein reflexives Verb. Es heißt »ich ärgere *mich*«. Das heißt, ich benutze andere Menschen, Ereignisse und Umstände, um mich selbst zu ärgern. Die Sprache zeigt auch einen guten Ausweg: *sich* freuen. Auch das ist ein reflexives Verb. Ich kann also meine Aufmerksamkeit auf schöne Dinge, auf das Gute und Positive in dieser Welt richten, und das Schöne, Wahre und Gute, das andere Menschen tun, sagen und verkörpern, zum Anlass nehmen, *mich* zu freuen, *mir* eine Freude zu bereiten.

Verblendung hat viele Gesichter, dazu gehören Rechthaberei und Besserwisserei, Vorurteile und Ideologien. Ihr gemeinsamer Nenner ist, dass wir sie nicht bemerken, denn wir halten unsere

Ansichten und unser Verhalten für richtig und gerechtfertigt. Wir begreifen nicht, dass Gedanken lediglich Vorschläge sind, die wir überprüfen sollten, sondern halten sie für ein realistisches Bild der Wirklichkeit. Wer sich nicht regelmäßig mit anderen Menschen, die die Welt anders sehen, austauscht, glaubt seinen Vorurteilen und versteht die Welt nicht mehr.

Übungen und Reflexionen

Nehmen Sie sich für die folgenden Übungen und Reflexionen jeweils zehn bis zwanzig Minuten Zeit, am besten regelmäßig, vier, fünf Mal die Woche, und machen Sie sich ein paar Notizen, wenn Sie das hilfreich finden. So lernen Sie, innezuhalten und ihre Gefühle und die dazugehörigen Ansichten und Meinungen, zumindest im Nachhinein, in aller Ruhe zu beobachten und zu überprüfen. Sitzen Sie zu Beginn und am Ende ein, zwei Minuten still, ohne sich etwas Bestimmtes vorzunehmen. Das beruhigt und stimmt Sie ein auf einen freundlichen und wachen Blick auf Ihre Erfahrungen.

Mit dieser Art Übungen will ich zweierlei Einsichten anstoßen. Wir müssen die anderen zumindest grob verstehen, wenn wir zu einer Lösung finden wollen, selbst dann, wenn wir glauben, moralisch im Recht zu sein. Und: Wir können immer einen Beitrag zur Verringerung von Gier, Hass und Verblendung leisten und sollten das auch tun, selbst wenn er klein ist. Wenn wir selbst nichts beitragen wollen, wie können wir dann erwarten, dass andere Menschen das tun? Wenn wir selbst kleine Schritte machen, fassen wir Mut, dass wir etwas ändern können. Und wir entwickeln Geduld, denn wir erkennen, wie schwer selbst kleine Schritte sind. Nur wenn wir unseren Gefühlen zuhören, verraten sie uns ihre Botschaft. Das ist nicht immer angenehm, aber es lohnt sich.

Drei Grundübungen wollen Sie dabei unterstützen, Ihre Erfahrungen in Ruhe zu beobachten und Ihre Dynamik zu verstehen. Ich habe sie schon auf S. 31 eingeführt, möchte sie an dieser Stelle aber noch einmal wiederholen. Sie können sie ein, zwei Wochen lang, jeweils einmal täglich oder vier, fünf Mal die Woche machen, bis Sie damit vertraut sind. Wann immer Sie mit einer der folgenden Übungen beziehungsweise Reflexionen nicht klarkommen, können Sie zu diesen drei Übungen zurückkehren. Sie sind die Grundlage für ein konstruktives Umgehen mit schwierigen Erfahrungen.

Drei Grundübungen

Aufhänger, Stimmung, Hintergrund

Denken Sie an eine kleine Situation aus den letzten Tagen, die Sie irritiert hat. Erinnern Sie so viele Einzelheiten, wie Sie brauchen, um das Gefühl der Irritation, des Ärgers oder der Enttäuschung deutlich zu spüren. Schauen Sie sich die Situation im Freiraum der Übung etwas genauer an: Was genau war der *Auslöser* für Ihre Irritation? Eine Geste, ein Blick, ein Satz, der Ton einer Aussage? Wie war Ihre Verfassung beziehungsweise Ihre *Stimmung* unmittelbar vor dieser Situation? Neutral? Entspannt und leicht? Waren Sie angespannt, nervös oder unsicher? Was haben Sie außer Ihrer Verfassung noch mitgebracht in die Situation? Was haben Sie *erwartet*? Von den anderen? Von sich? Wie haben Sie reagiert? Kennen Sie das Verhalten? Welche *Muster* wurden aktiviert? Oder: Wie alt sind Sie, wenn Sie sich so verhalten? Spielen Sie jetzt die Situation noch einmal durch und verändern Sie die Umstände ein wenig. Sie sind erholt und guter Dinge. Sie mögen die Person. Sie wollen verstehen, was abläuft.

Suche die Täuschung hinter der Enttäuschung
Denken Sie an eine Begegnung, die Sie enttäuscht hat. Suchen Sie die Täuschung hinter der Enttäuschung. Was haben Sie erwartet? Von den anderen? Von sich selbst? Waren diese Erwartungen realistisch? War Ihnen klar, dass Sie eine bestimmte Vorstellung hatten? War es ein gültiges Konzept? Hat es funktioniert?

Spielen Sie die Situation noch einmal durch und verändern Sie Ihre Erwartungen, im Wissen, dass Sie auf der Grundlage einer Arbeitshypothese handeln. Vielleicht verändert sich etwas.

Schwierige Gefühle annehmen

Denken Sie an einen *kleineren* Konflikt, an eine Situation, in der Sie sich geärgert haben. Formulieren Sie das Problem in *einem Satz:* »Du bist immer unpünktlich. Du bist unklar …«

Welches Gefühl steht bei Ihnen dahinter? »Ich fühle mich unsicher, ohnmächtig …« Wo spüren Sie das Gefühl im Körper? Bleiben Sie bei den weiteren Fragen mit einem Teil der Aufmerksamkeit bei diesen Körperempfindungen.

Fragen Sie sich: »Was braucht dieses Gefühl?« Aufmerksamkeit? Anerkennung? Will es gehört werden? Raum …? Geben Sie dem Gefühl alles, was es braucht. Sagen Sie sich nach zwei, drei Minuten: »Das ist ein Gefühl von vielen, das ich im Laufe eines Tages spüre.« Zum Abschluss fragen Sie sich: »Welche Sehnsucht steht hinter meinem Gefühl?« Die Sehnsucht nach einer heilen Welt? Der Wunsch, bedingungslos geliebt zu werden?

Sechs Reflexionen: Gier, Hass und Verblendung

Konsum: Ich brauche unbedingt!

Wie viele Dinge, die Ihnen gehören oder sich in Ihrer Wohnung befinden, haben Sie seit fünf und mehr Jahren nicht mehr verwendet? Was wollen Sie unbedingt demnächst kaufen? Was meinen Sie unbedingt zu brauchen? Sie können sich für die nächsten vier Wochen vornehmen, nur dann Dinge zu kaufen, wenn Sie dafür andere Dinge, die Sie nicht mehr verwenden, weggeben. In unserer Nähe gibt es ein »Haus der kleinen Preise« mit ein paar Arbeitsplätzen(!), in dem man Kleidung und Bücher, Möbel, Elektrogeräte und Haushaltsartikel und so weiter abgeben kann, und wo alle(!) Leute, auch ich, preiswert einkaufen können.

Konsum: Das brauchst du nicht!

Falls Ihnen die letzte Übung schwerfällt, denken Sie an eine Person in Ihrem Bekanntenkreis, die nach Ihrer Meinung eindeutig zu viele Dinge besitzt, die sie gar nicht braucht. Menschen, deren Verhalten uns aufregt, sind oft ein guter Spiegel für suboptimale Verhaltensweisen, die wir bei uns für akzeptabel halten und meist gar nicht bemerken.

Streit und Empörung: Das ist unerhört!

Denken Sie an einen Streit zu Hause oder in der Nachbarschaft, im Betrieb oder in der Politik, der Sie aufregt oder empört. Um welche Positionen geht es? Versuchen Sie, sich in die Rolle der anderen Seite zu versetzen. Wenn Sie Lust und Zeit haben, können Sie mit einer Person Ihres Vertrauens ein Streitgespräch führen. Wechseln Sie nach zehn Minuten die Rollen.

Krieg: Das sind die Bösen!
Denken Sie an einen kriegerischen Konflikt. Wer streitet mit wem worüber? Um welche Positionen geht es? Stellen Sie sich vor, Sie leben in der Region, die zur anderen Seite gehört. Versuchen Sie, sich in deren Argumente hineinzuversetzen. Wenn Sie Lust und Zeit haben, können Sie mit einer Person Ihres Vertrauens ein Streitgespräch führen. Wechseln Sie nach zehn Minuten die Rollen.

Wut und aggressive Verwirrung
Wann haben Sie das letzte Mal Nachrichten gehört, gesehen oder gelesen und dann wütend vor sich hin geschimpft? Kennen Sie das Gefühl der aggressiven Verwirrung? Ihr Kopf ist voll von schrecklichen Nachrichten, Sie fühlen sich überwältigt und ohnmächtig und wütend. Was hilft Ihnen, Ihre Wut konstruktiv zu wenden? Können Sie etwas Sinnvolles tun, was Sie selbst beruhigt und tröstet, Ihre Not oder die Not zumindest einer anderen Person lindert? Manchmal hilft ein Stoßgebet: »Möge diese Verzweiflung aufhören. Möge ich mich öffnen für das Positive, das auch gerade geschieht.«

Wenn mich all das nicht beruhigt und ich auch nichts anderes tun will oder kann, gehe ich manchmal zwei, drei Minuten im Zimmer umher und beschimpfe die bösen Kriegstreiber und gemeinen Steuerhinterzieher und so weiter. Ich übertreibe und verwende schlimme Ausdrücke. So ersticke ich nicht an meiner ohnmächtigen Wut und – bemerke durch das Übertreiben meine Einseitigkeit. Das hilft auch bei persönlichen Konflikten oder wenn ich mich über andere Menschen ärgere.

Verblendung: Ich habe recht! Das ist objektiv falsch!
Denken Sie an einen Streit der letzten Tage oder Wochen. Was war Ihre Position? Hinterfragen Sie Ihre Meinung. Woher wis-

sen Sie, dass Sie recht haben? Welche Haltung würden Sie einnehmen, wenn Sie mit den Werten der Gegenseite aufgewachsen wären? Wenn Sie Lust und Zeit haben, können Sie mit einer Person Ihres Vertrauens ein Streitgespräch führen. Wechseln Sie nach zehn Minuten die Rollen.

Was ist mir wirklich wichtig?

Die buddhistische Tradition beschreibt *acht Anliegen*, die unser Leben bestimmen: Die Sorge um *Status* und *Besitz*, um *persönliche Zuwendung* beziehungsweise *Anerkennung* und um *schöne Gefühle* und die Angst vor der gegenteiligen Erfahrung beziehungsweise ihrem Verlust. Vier Erfahrungen jagen wir hinterher und wir wenden sehr viel Zeit, Geld und Intelligenz auf, um sie zu bekommen. Haben wir sie dann endlich erlangt, sind wir auch nicht wirklich glücklich, denn wir fürchten, sie wieder zu verlieren. Nach meiner Erfahrung geht es vielen *Männern* eher um Ruhm, Ehre und Besitz, und viele *Frauen* suchen vorwiegend nach persönlicher Zuwendung und schönen Gefühlen. Doch Menschen sind sehr verschieden, und in jedem Lebensalter setzen wir andere Prioritäten. Allerdings gibt es ein paar soziale Faktoren, die das Gewicht dieser Anliegen für sehr viele Menschen gleichzeitig verändern. Das nennen wir dann, meist im Nachhinein, *Umbruchzeit*.

In den vormodernen Ständegesellschaften sorgten die gesellschaftlichen Stände – Adel, Klerus, Handwerk, Bauerntum – für ein gewisses Maß an sozialer Stabilität und Identität und daher spielte die persönliche Anerkennung keine so dominierende Rolle wie heute. Auch angenehme Gefühle sind heute sehr viel wichtiger als früher. Heute scheint in Beruf und Alltag, in Zweierbeziehungen und Freundschaften, in Projekten und Meditationsgruppen die *persönliche Anerkennung* eine immer größere Rolle zu spielen (Illouz 2016). In traditionellen Vereinen und Institutionen gibt es meist immer noch eine klare Hierarchie, die zwischen einfachen Mitgliedern, Vorstand und Fördermitgliedern und so weiter unterscheidet und so allen eine bestimmte, klar erkennbare Rolle und Aufgabe zuweist.

In *postmodernen* Projektgruppen steht der Wunsch nach Anerkennung in Konflikt mit dem Wunsch nach *nicht hierarchischen* Beziehungen. Diese Ambivalenz sorgt für viele zusätzliche Konflikte. Nach meiner Einschätzung könnten viele dieser Konflikte verringert werden, wenn das Bedürfnis nach Anerkennung bemerkt, anerkannt und befriedigt würde, zum Beispiel mit der als altmodisch belächelten Aufteilung spezifischer Aufgaben, deren Wert öffentlich benannt und geschätzt wird.

Auch in politischen Konflikten wird das fast unstillbare Bedürfnis nach Anerkennung und Status zu wenig erkannt und berücksichtigt. Nicht nur Putin und Russland hungern nach Anerkennung durch den Westen, auch das Verhältnis zu den arabischen Staaten wäre einfacher, wenn nicht nur Nützlichkeit und Profit, sondern auch Anerkennung und Wertschätzung in den politischen Gesprächen eine Rolle spielten. Vielleicht könnten politische Think-Tanks Strategien überlegen, wie das Thema *Anerkennung* Teil der transnationalen Kooperation werden könnte.

Soziale Anerkennung ist wichtig und sie trägt viel zu einem stabilen Selbstwertgefühl bei. Das können wir an uns selbst und in unserem Umfeld erkennen und vor allem dann, wenn wir Menschen aus dem ländlichen Raum, aus Kleinstädten und aus nicht europäischen beziehungsweise nicht westlichen Kulturen begegnen. Für die Mehrheit der Menschen auf dieser Welt ist das *autonome* Persönlichkeitsideal irrelevant oder weit weniger wichtig als die *Zugehörigkeit* zu und Einbindung ins jeweilige Kollektiv. Das müssen wir begreifen, wenn wir ein kooperatives Miteinander anstreben.

Ich halte es für sehr wichtig, den Eurozentrismus zu hinterfragen. Die Bereitschaft dazu gehört allerdings schon zu einer kosmopolitischen Haltung, die seit der griechischen Antike ein zentraler Wert Europas ist, auch wenn das nur wenige leben können. Die eigenen Werte zu hinterfragen bedeutet nicht, sie pauschal abzuwerten und fremde oder vormoderne Sitten und Bräuche für gleichwertig zu erklären. Es geht darum, die Werte der anderen *verstehen* zu wollen und diese Offenheit auch von Menschen aus anderen Kulturen zu *fordern*, die hier leben wollen, in dem Maße, wie wir selbst dazu bereit sind und das leben können.

Zurück zum Thema *Anerkennung* und Ehre. Alle Frauen und Männer, die arbeiten wollen, brauchen eine anständig bezahlte und sinnvolle Arbeit. Um Terrorismus und Kriminalität zu verhindern, brauchen aber vor allem die vielen arbeitslosen und *zornigen jungen Männer* in Europa, in den islamischen Staaten und in Afrika eine anständige Arbeit, die Möglichkeit, eine Familie zu gründen und Verantwortung für andere zu übernehmen. Eine Kultur der Anerkennung und Wertschätzung könnte dabei eine wichtige Rolle spielen (Heinsohn 2003, Illouz 2016).

Fünf Reflexionen: Meine Anliegen

Es reicht einfach nicht!

Gab es Zeiten in Ihrem Leben, in denen Sie nicht genug Geld hatten? Wie haben Sie sich gefühlt? Als Versager? Als Verliererin? Ungerecht behandelt? Haben Sie schon einmal Ihre Arbeit verloren? Waren Sie schon einmal auf Grundsicherung angewiesen? Falls ja, wie haben Sie sich gefühlt? Falls nein, stellen Sie sich vor, Sie müssten mit rund 800 Euro im Monat auskommen. Könnten Sie das? Könnten Sie Ihren Lebensstandard herunterschrauben und einfacher leben? Denken Sie an Menschen aus Ihrem Umfeld, die sehr viel einfacher leben als Sie und zufrieden damit sind. Kann das Ihre Angst vor Armut im Alter mildern?

Wer bin ich? Mehr als Status und Besitz?
Lebe ich in Frieden mit meinem derzeitigen Status in der Gesellschaft? Wie schätze ich ihn ein? Sieht das mein Umfeld genauso? Werde ich *kritisiert* oder *bewundert* für meinen Lebensstil? Habe ich genügend Geld? Kann ich mir alles leisten, was mir wichtig ist? Worauf muss ich *verzichten*? Habe ich Angst vor Altersarmut? Habe ich genug Geld und Dinge, Spezialwissen oder Fähigkeiten? Wie sieht es in meinem Umfeld aus? Wer legt worauf besonderen Wert? Wie war das in meiner Kindheit und Jugend? Wie viel Zeit, Geld und Energie wende ich pro Woche oder Monat auf, um Status und Besitz zu erreichen und zu sichern?

Ich werde nicht gesehen!
Wann hatten Sie das letzte Mal das Gefühl: »Ich werde nicht gesehen«? Nicht richtig gesehen, übersehen, nicht wirklich wertgeschätzt? Bei welchen Menschen ist das für Sie besonders wichtig? Bei wem ist Ihnen das ziemlich gleichgültig?

Ich brauche mehr Anerkennung!
Fragen Sie sich: Bekomme ich genug persönliche Anerkennung? Von wem bekomme ich sie? In welchen Situationen? Wo und von wem bekomme ich zu wenig? In welchen Kontexten fühle

ich mich zu wenig gesehen? Drücke ich meine Wertschätzung für andere Menschen aus?

Das will ich nicht spüren!
Denken Sie an eine kleinere unangenehme Situation der letzten Tage, an einen Moment, in dem Sie sich schlecht fühlten. Was hat mitgespielt? Waren Sie drinnen oder draußen in der Natur? Allein oder mit anderen zusammen? Haben Sie gearbeitet oder hatten Sie frei? Waren Sie in Ruhe oder in Bewegung? Welche Sinne spielten mit? Welche Sinne standen im Vordergrund? Was haben Sie gedacht? Befürchtet? Erhofft? War es eine typische Situation oder eine ungewohnte? Was können Sie in den nächsten Tagen und Wochen tun oder lassen, damit solche Momente seltener vorkommen?

Warum und wozu?

Wir können unsere Anliegen klarer erkennen, wenn wir uns fragen, *warum* und *wozu* wir bestimmte Dinge tun oder nicht tun. Die buddhistische Tradition beschreibt vier mögliche Anliegen, ein weltliches und drei spirituelle: *sofortige* Befriedigung, *langfristige* Befriedigung, *Einsicht* in Verblendungen und schädliche Muster und schließlich der Wunsch, *zum Wohle aller* zu leben. Ich halte alle vier Anliegen für wichtig. Solange jedes in dem ihm angemessenen Bereich gelebt wird, tragen alle vier Anliegen zu einem gelingenden Leben bei, wie auch immer man das definieren will und welche Inhalte man besonders betont.

Überlegt man sich, *warum* man etwas tut, bezieht man sich eher auf die *Vergangenheit*, auf Bekanntes. Man will frühere angenehme Erfahrungen wiederholen oder intensivieren. Wenn man sich fragt, *wozu* man etwas tun will, bezieht sich das eher auf die *Zukunft*, und das eröffnet zumindest die Möglichkeit, das Bekannte hinter sich zu lassen und neues Terrain zu erkunden. Schwierige Gefühle entstehen vor allem dann, wenn es nicht gelingt, *bekannte* Freuden zu wiederholen, oder wenn Schritte ins *Unbekannte* nicht das erwartete Glück bringen.

Beide Erwartungen – Glück durch Wiederholung oder durch neue Erfahrungen – führen leicht zu Enttäuschungen, solange wir glauben, dass uns die *Dinge* selbst oder bestimmte Abläufe angenehme Gefühle bereiten. Sie können geeignete Aufhänger oder *Auslöser* für angenehme Gefühle sein, aber einen weit größeren Einfluss auf unser Erleben haben andere Faktoren, die wir in die Situation mitbringen: unsere augenblickliche *Verfassung*, unsere *Erwartungen* an eine Situation und unsere *Vorlieben*, Bewertungen und *Muster*.

Viele unangenehme Gefühle entstehen dadurch, dass wir dem Auslöser zu viel Macht zuschreiben oder schlicht das Falsche erwarten. Das ist der Hintergrund für die Beschreibung der vier Motive für unser Handeln. Wir müssen in der Lage sein, *Grundbedürfnisse* – Hunger, Durst, Schutz, Wärme, Kühlung, Trost, Zugehörigkeit und so weiter – möglichst *zeitnah* zu befriedigen, denn das fördert unser Überleben. Wir müssen in der Lage sein, auch mittel- und *langfristig* für gute Bedingungen zu sorgen, die zu einem guten und gelingenden Leben beitragen. Wir wissen allerdings auch, dass das Glück durch Essen, Trinken und Sinnesfreuden nur kurze Zeit anhält und auch Sicherheit und Arbeitsplatz, Zweierbeziehung und Wohnung nicht ausreichen für ein gutes Leben. *Selbsterkenntnis* gilt seit zweieinhalbtausend Jahren als Weg zum *Seelenfrieden*, allerdings lässt sich das nur schwer lehren und schulmäßig vermitteln, denn man muss es selber wollen, sonst kommt man nicht weit.

Sinnesfreuden und ein gewisses Maß an Sicherheit sind zwar notwendig für ein gelingendes Leben, aber offensichtlich nicht hinreichend, sonst wären die meisten Menschen glücklich. Sich und die Welt zu verstehen ist für viele Menschen eine Quelle von Freude und Zufriedenheit, aber auch das reicht nicht aus, denn wir sind nicht nur Individuen, sondern *soziale* Wesen. Von daher gilt im Buddhismus ein Leben »zum Wohle aller« als direkter Weg zu Seelenfrieden und Sinnfindung für die Einzelnen und zu sozialem Frieden, Gerechtigkeit und Glück für möglichst viele.

Die Einsicht, dass auch Millionen von Bodhisattvas nicht das *Paradies auf Erden* schaffen können, schützt vor überzogenen Erwartungen und den darauffolgenden Enttäuschungen. Das *Reich Gottes* ist nicht von dieser Welt, und Paradiese gibt es vor allem in der Fantasie von frustrierten Angsthasen, denen das Leben in dieser Welt zu anstrengend ist. Ja, das Leben ist schwierig, denn es gibt natürliches Leiden, alles ist unbeständig und niemand bekommt es in den Griff. Das sind die drei *Daseinsmerkmale*, die wir nicht beseitigen können. Das ist zumindest die bodenständige, mir sehr einleuchtende Einsicht und Lehre des Buddha.

Auch für viele Menschen in Europa ist ein Leben zum Wohle der vielen ein Ideal, das sie inspiriert. Die Arbeit vieler zivilgesellschaftlicher Gruppen und regionaler, internationaler und transnationaler NGOs zeigt, dass der Einsatz für das Wohl möglichst vieler Menschen ein hohes Maß an Sinn und Befriedigung schenkt. Der Dalai Lama interpretierte vor über zwanzig Jahren den Mahayana-Begriff Bodhicitta als »*universelle Verantwortung*«. Man kann es mit »das erwachte Herz« übersetzen, von *bodhi*, Erwachen, und *citta*, Herz-Geist. Bodhisattvas sind Menschen, die aus diesem erwachten Herzen heraus leben und handeln, zum Wohle aller. Zumindest wollen sie das, auch wenn es nicht immer gelingt. Wir können an dieser Stelle die Übung

Aufhänger, Stimmung, Hintergrund wiederholen und vor allem auf unsere Motive und Absichten achten (siehe S. 118).

Drei Reflexionen: Warum und wozu?

Was tue ich den ganzen Tag? Warum und wozu?

Was haben Sie in der letzten »normalen« Woche alles getan? Notieren Sie alles, was Ihnen wichtig erscheint. Warum haben Sie das getan? Aus Gewohnheit, Pflichtgefühl, Interesse? Und wozu? Was haben Sie getan, um *kurzfristig* Befriedigung zu bekommen? Um *langfristige* Ziele zu erreichen? Wann und wo ging es um *Verstehen* von Zusammenhängen? Warum? Wozu?

Zum Wohl von anderen

Wann ging es Ihnen in den letzten Monaten vor allem um das Wohl von anderen? Von Einzelnen, von vielen? Kennen Sie eine Gruppe oder eine NGO, deren Einsatz Sie inspiriert? Was inspiriert Sie besonders?

Aufhänger, Stimmung, Hintergrund: Warum und wozu?

Denken Sie an eine Aufgabe, die etwas anstrengend war, die Sie aber geschafft haben. Worum ging es? Um welches Anliegen? Kurzfristig? Langfristig? Ging es um Verstehen? Zum Wohle anderer? Denken Sie an eine bestimmte dafür typische Situation und schauen Sie sie genauer an. Was war der Anstoß oder *Auslöser* für diese Aufgabe? In welcher *Verfassung* waren Sie unmittelbar, bevor Sie sie übernommen haben? In welcher Verfassung waren Sie häufig während dieser Arbeit? Was haben Sie *erwartet*? Von sich? Von der Aufgabe? Von anderen, die daran direkt oder indirekt beteiligt waren? Waren diese Erwartungen realistisch? Welche alten *Muster* wurden aktiviert? Ziehen Sie ein *Fazit:* Was hat Ihnen diese Aufgabe gegeben? Welche Folgen hatte sie für andere?

Überheblichkeit, falsche Ansichten und Zweifel

Nicht nur die drei Gifte Gier, Hass und Verblendung mit ihren vielen Varianten sorgen für viele unangenehme und schwierige Gefühle. Überheblichkeit, falsche Ansichten und störende Zweifel erhöhen den Druck auf uns noch mehr und sorgen für weitere schwierige Gefühle. Zusammen sind das die *sechs Hauptverblendungen*, die uns das Leben schwer machen. Solange wir nicht auf die tiefe Weisheit in uns und allen vertrauen, klammern wir uns an flüchtige Erfahrungen, basteln uns daraus ein *festes Selbstbild* und – fühlen uns *getrennt* von der Welt. Da sich die Grundlage unseres Selbstbildes – unsere körperlichen Empfindungen, Grundgefühle und reaktive Emotionen, Gedanken und Stimmungen, eigenes Verhalten und die Begegnung mit anderen und so weiter – ständig verändert, haben wir selten das Gefühl, dass alles stimmt und wir sicher sind.

Wir halten im Prinzip an allem fest, was unser Selbstbild stärkt, lehnen ab, was es irritiert, und ignorieren fast alles, was uns weder bestätigt noch bedroht. Das sind die Strategien der drei Gifte, Gier, Hass und Verblendung. Wir versuchen dann mit zwei weiteren Strategien, unser Selbstbild zu stabilisieren, und zwar mit *rigiden Ansichten* und mit *Überheblichkeit*. Auch das funktioniert nur manchmal, und wenn es nicht klappt, fallen wir uns sozusagen selbst in den Rücken mit allerlei *störenden Zweifeln*.

Rigide Ansichten sind weitverbreitet, denn sie sind das *einzig stabile* in einer Welt des Wandels. Meine Meinung steht fest, kommen Sie mir bitte nicht mit Tatsachen. Im Zeitalter der Fake-News sind einige Leute sogar stolz darauf, dass sie sich mit ihren Meinungen gut vor einer unübersichtlichen Welt abschotten können. Es ist allerdings sehr viel leichter, rigide Ansichten bei anderen zu entdecken als bei sich selbst.

Überheblichkeit hat viele Varianten, und wir können schauen, welche wir bevorzugen oder ganz besonders ablehnen: Wir werten uns auf, indem wir *andere abwerten*. Wir sind stolz auf Fähigkeiten, die wir gar nicht besitzen oder die uns und anderen schaden. Wir fühlen uns auf Augenhöhe mit Menschen, die uns weit überlegen sind, und fast auf Augenhöhe mit denen, die uns etwas überlegen sind. Und wir sind manchmal sogar stolz darauf, wenn es uns schlecht oder am schlechtesten geht. Das nennt die Tradition verkehrten Stolz, und wir sprechen von Minderwertigkeitsgefühlen. Diese Haltung kommt heutzutage auch als Opferkonkurrenz vor: Es geht vielen schlecht, aber mir geht es am schlechtesten. Hinter jeder Form von Arroganz oder Überheblichkeit stehen Minderwertigkeitsgefühle. Wer angibt, hat's nötig, weiß der Volksmund.

Eine moderne Variante der *Überheblichkeit* ist das Beharren auf *radikaler Gleichheit* in Situationen, wo es auf Sachverstand und Erfahrung ankommt. Die Spannung zwischen der *abstrakten* Forderung nach Gleichheit und dem Erleben *konkreter* Verschiedenheit ist schwer auszuhalten und sorgt für viele schwierige Gefühle im Alltag, aber auch in zivilgesellschaftlichen Gruppen und in der Politik. *Gleichheit* ist und bleibt *abstrakt*, sie gilt vor dem Gesetz und bei Wahlen. Wenn man sie aber *konkret* in Alltag, Beruf und Lebensstil durchsetzen will, endet man bei *Gleichschaltung* und zerstört Individualität und Kreativität (Reddemann/Wetzel 2017).

Zweifel ist produktiv, solange wir wissen, dass wir nicht wissen, und unser Wissen erweitern wollen. Er wird unproduktiv, wenn wir im Grübeln stecken bleiben und uns nicht entscheiden können. Hannah Arendt sagt: Zweifel kann man nicht durch Nachdenken auflösen, sondern nur durch Ausprobieren. Wir können pro und contra sorgfältig abwägen und uns Zeit lassen.

Es ist auch in Ordnung, wenn wir feststellen, dass wir uns noch nicht entscheiden können. Wir können die Entscheidung dann aufschieben oder uns Rat holen. Da wir aber die Zukunft nie wissen können, müssen wir manchmal Entscheidungen treffen, im Wissen, dass sie auch falsch sein können. So ist das Leben. Es ist und bleibt unbeständig und wir bekommen es nie völlig in den Griff.

Sieben Reflexionen

Das ist doch absurd!

Welche Ansichten finden Sie besonders dumm? Über welche Erklärungen für politische Konflikte ärgern Sie sich besonders? Haben Sie schon mal Ihre Meinung im Hinblick auf bestimmte Konflikte geändert? Wie sahen Sie die Welt mit zwanzig? Mit dreißig, vierzig und so weiter? Wer in Ihrem Umfeld kritisiert Sie für bestimmte Einschätzungen oder Vorstellungen? Was genau wird kritisiert?

Überheblichkeit

Machen Sie eine Liste und notieren Sie einige Namen.Wem fühlen Sie sich überlegen, unterlegen, gleichwertig? Wer in Ihrem Umfeld fühlt sich Ihnen überlegen, unterlegen, gleichwertig? Finden Sie diese Einschätzung angemessen?

Gleich und verschieden

In welcher Hinsicht fühlen Sie sich den Menschen in Ihrem Umfeld gleich? Welche Unterschiede sind wichtig? Können Sie sich an eine Situation erinnern, in der Gleichheit und Verschiedenheit in Konflikt standen? Wie haben Sie reagiert? Wie haben die anderen reagiert? Was hat geholfen, den Konflikt abzumildern oder ganz aufzulösen?

Mir geht es am schlechtesten!
Kennen Sie Menschen in Ihrem nahen Umfeld, die viel jammern und über ihre schwierige Lage klagen? Kennen Sie Menschen, die von sich sagen: »Es geht mir am allerschlechtesten«? Was löst das in Ihnen aus?

Weißt du das wirklich?
Eine der wirksamsten Übungen zur Auflösung von festen Meinungen stammt von Katie Byron. Zentral ist die Frage: Weißt du das mit hundertprozentiger Sicherheit?« Meine Antwort lautet immer: »Nein, ich glaube das nur.« Manchmal bleibe ich bei meiner Meinung, denn sie tröstet oder beruhigt mich und hilft mir in einer konkreten Situation, mich einigermaßen konstruktiv zu verhalten. Aber ich weiß, es ist bloß meine Meinung und nicht die objektive Wahrheit.

Wer angibt, hat's nötig!
Zwei Einsichten helfen mir, Überheblichkeit zu erkennen und abzubauen. Wenn ich mich *aufwerte*, indem ich andere *abwerte*, vergrößere ich die *Distanz* zu ihnen, fühle mich weniger wohl in ihrer Gegenwart und kann nichts von ihnen lernen. Wenn ich mich ständig mit anderen *vergleiche*, bleibe ich unsicher, kann das, was mir wichtig ist, nicht mitteilen und auch nicht richtig zuhören. Vergleichen löst Unsicherheit nicht auf, sondern verstärkt sie.

Ich weiß nicht, was ich machen soll!
Fällt es Ihnen leicht, sich zu entscheiden? Was tun Sie, wenn Ihnen eine Entscheidung schwerfällt? Wie reagieren Sie auf Menschen, die sehr schnell Entscheidungen treffen? Und wie auf Menschen, die sich schlecht entscheiden können?

Suche die Stärke hinter der Schwäche

Die drei Gifte Gier, Hass und Verblendung sorgen für viele unangenehme Gefühle und zusammen mit drei weiteren Giften – rigide Ansichten, Überheblichkeit und unproduktiver Zweifel – gelten sie als die *sechs Hauptverblendungen*. In einer weiteren Liste aus dem tibetischen Vajrayana werden *fünf zentrale Kleshas* genannt, vier davon kennen wir schon – Ignoranz, Stolz, Anhaftung, Hass –, und dazu kommen jetzt noch Neid beziehungsweise Eifersucht. Dieser Ansatz ist besonders spannend, weil er diese fünf emotionalen Strategien ganz als verzerrte Weisheit interpretiert. Damit zeigt dieser Ansatz einen direkten Weg, wie wir hinter den reaktiven Emotionen fünf Varianten von Weisheit entdecken können.

Wir finden die darin verborgene Weisheit allerdings nur, wenn wir die reaktiven Emotionen *bemerken*, sie als Quelle von *Leiden* erkennen und sie *nicht* schon für Weisheit halten und rechtfertigen. Das ist eine der großen Fallen des tibetischen Vajrayana, in die auch tibetische Yogi*nis geraten sind. Sie gefällt besonders spätpubertären Menschen aus dem Westen sehr gut, die Selbstbeherrschung und Rücksicht für bürgerlich und überflüssig halten und Authentizität mit Wahrheit verwechseln.

Ich stelle hier eine vereinfachte Variante dieses kraftvollen Ansatzes vor. In einer Soft-Variante wird er seit Jahren von einigen Psychotherapeut*innen mit Erfolg eingesetzt, nach dem Motto: »Suche die Stärke hinter der Schwäche« oder »Alle Erfahrungen wollen uns etwas sagen«. Es inspiriert mich immer wieder, wenn ich grundlegende buddhistische Methoden in unterschiedlichen Kontexten wiederfinde, die mit Buddhismus nichts am Hut haben. Es bestätigt meine Zuversicht, dass viele Menschen tiefe Einsichten gewinnen, wenn sie genau hinschauen, und sich alte und neue Weisheit durchsetzt, wenn sie gebraucht wird und die Zeit dafür reif ist (Wetzel 2018, 2010b).

Dieser Ansatz betont und akzeptiert die Verschiedenheit der Menschen und empfiehlt, mithilfe unserer Schwächen herauszufinden, wo unsere Stärken liegen. Das verringert die Neigung, uns mit anderen zu vergleichen, fördert Individualität und entlastet vom Anspruch, alles können zu müssen.

Sieben Reflexionen

Ignorieren und Gelassenheit

Manchmal wollen wir nicht gerne genauer hinschauen, wenn wir unsicher, verletzt oder irritiert sind. Wir ignorieren unangenehme Gefühle, unbezahlte Rechnungen, schwelende Konflikte und so weiter – und wundern uns dann, wenn uns unerwartet Probleme um die Ohren fliegen. Welche Art von Erfahrungen ignorieren Sie häufig? Müdigkeit, Erschöpfung, Ängste, körperliche Schmerzen, Konflikte? Denken Sie an eine konkrete Erfahrung. Welche Folgen hatte das Ignorieren?

Denken Sie jetzt an eine Situation, in der Sie ein Problem ignoriert haben, was angenehme oder gute Folgen hatte, für Sie selbst oder für andere. So finden Sie die Stärke der Gelassenheit hinter der Schwäche des Ignorierens. Sie können Dinge auch mal in Ruhe lassen. Manche Probleme erledigen sich von selbst, und jedes Team braucht Leute, die »die Ruhe selbst sind« und nicht jeden Tag das Rad neu erfinden müssen. Es gehört allerdings viel Lebenserfahrung dazu zu spüren, wann Handeln notwendig ist und wann nicht.

Stolz und Gleichheit

Wir suchen nach Anerkennung und vergleichen uns mit anderen Menschen. Eine stabile Identität entwickelt sich im Zusammenspiel von Selbstwahrnehmung und Rückmeldungen von außen. Es wird vermutlich immer Menschen geben, die klüger und sympathischer, emotionaler oder rationaler, tüchtiger oder entspannter sind als wir, und auch solche, die wir als unterlegen betrachten. Solange Vergleichen ein Spiel bleibt, kann es uns inspirieren, unser Bestes zu geben, dann ist es ein freundlicher Wettlauf, wie der Begriff Konkurrenz nahelegt, lat. *con currere*, zusammen laufen oder rennen. Wenn wir uns allerdings nur dann akzeptabel oder wertvoll finden, wenn wir besser sind als andere, wird das Leben schwierig und anstrengend.

Wenn wir darunter leiden, dass wir uns häufig vergleichen, können wir uns klarmachen, dass wir uns nur mit anderen ver*gleichen* können, wenn es etwas gibt, was *gleich* ist. Wir denken nie: »Du sprichst besser Englisch, als ich koche.« Wenn uns klar ist, worin wir un-gleichen, können wir dieses Gleichsein genießen:

Wir sprechen beide Englisch, kochen gerne, schreiben gerne Beiträge und so weiter. Der Begriff selbst weist uns schon darauf hin, dass wir uns in einer Hinsicht gleichen. Wir können also hinter dem Vergleichen die Fähigkeit entdecken, die Gleichheit zu spüren. Wenn wir das immer wieder erkennen, kann sich das Gefühl der Überlegenheit beziehungsweise der Unterlegenheit lockern.

Sieben Arten von Stolz

Welche dieser sieben Arten von Überheblichkeit kennen wir von uns selbst und von uns nahestehenden Menschen?

Wir fühlen uns überlegen gegenüber:

1. einfachen Menschen,
2. Gleichgestellten,
3. überlegenen Menschen,

4. Wir sind stolz auf nicht vorhandene Eigenschaften.
5. Wir fixieren die wechselnden Erfahrungen der fünf Skandhas zu einem stabilen Ichgefühl.
6. Wir fühlen uns sehr überlegenen Menschen nur leicht unterlegen.
7. Wir halten schlechte Eigenschaften für großartig.

Anhaftung und Wertschätzung

Manchmal wollen wir etwas unbedingt haben und wenn wir es dann haben, auf keinen Fall verlieren: Dinge und Menschen, eine Arbeitsstelle oder eine Wohnung und so weiter. Schon der Gedanke, diese »Sache« zu verlieren, kann uns in Panik versetzen und dann leiden wir unter unserer Anhaftung daran und wollen unbedingt lernen loszulassen. Aber das ist nicht so einfach.

Wenn wir darunter leiden, dass wir mehr an Dingen oder Menschen hängen, als gut für uns ist, können wir uns Folgendes klarmachen: Wir können nur dann an Dingen und Menschen hängen, wenn wir ihnen zuvor *Wert zugeschrieben* haben. Nicht alle Menschen finden dasselbe begehrenswert oder wunderbar. Wenn wir begreifen, dass wir uns in gewisser Weise dafür entscheiden, »etwas« Wert zuzuschreiben, entdecken wir die Freiheit, anderen Dingen und Menschen Wert zuzuschreiben, wenn wir es denn wollen. Wir genießen für eine Weile die große »Macht«, die wunderbare Fähigkeit, Wert zuschreiben zu können.

Neid als Weg zum Mehr

Uns ist schon klar, dass es vermutlich immer Menschen geben wird, die klüger und sympathischer, emotionaler oder rationaler, tüchtiger oder entspannter und so weiter sind als wir, und die mehr besitzen und können und von anderen mehr geschätzt und geliebt werden. Wenn Menschen Dinge haben, die wir auch gerne hätten, werden wir *neidisch*, und wenn sie Zuneigung und Anerkennung bekommen, die uns zuzustehen scheinen, werden wir *eifersüchtig*. Dazu gleich mehr in der nächsten Übung.

Wenn wir häufig unter Neid leiden, können wir uns ein paar Fragen stellen: Worauf genau sind wir neidisch? Um was geht es? Um Fähigkeiten und Kenntnisse, um Besitz oder Status, um Anerkennung und Zuwendung? Sind wir bereit, das zu tun, *aufzuwenden* oder einzusetzen, was diese Person getan hat, um an dem Punkt zu sein, an dem sie ist? Falls ja, können wir uns darum bemühen. Falls nein, können wir uns fragen: Wofür will ich mich einsetzen? Was will ich lernen, können, tun? Wenn uns dann klar wird, was uns *mehr am Herzen* liegt, als das, worum wir die andere Person beneiden, hat sich unser Neid in einen *Weg zum »Mehr«* verwandelt. Neid kann uns darauf hinweisen, was uns am Herzen liegt, und uns dazu ermuntern, uns dafür einzusetzen.

Eifersucht und kluges Handeln

Eifersucht ist eine Leidenschaft, die mit Eifer sucht, was Leiden schafft, sagt der Volksmund. Wir werden eifersüchtig, wenn jemand das, was uns zuzustehen scheint, einem anderen gibt: Zuneigung und Aufmerksamkeit, Unterstützung, Anerkennung und Lob, materielle Dinge und Bewunderung. Sind wir *eifersüchtig*, dann *beobachten* wir ganz genau, wer wem was gibt und wem nicht. Wir achten besonders genau darauf, was zwischen bestimmten Menschen abläuft, wer mit wem worüber spricht, wer mit wem was macht und so weiter.

Diese Art der *genauen Beobachtung* brauchen wir, wenn wir Prozesse sinnvoll fördern oder Schaden abwenden wollen. Hinter Eifersucht steckt das große Potenzial, auf komplexe Prozesse in guter Weise *Einfluss* zu nehmen. Wer könnte wem worin und womit beistehen? Wer könnte wen von schädlichem Verhalten abhalten? Wenn wir das nächste Mal Eifersucht spüren, können wir die Aufmerksamkeit auf die vielen Einzelheiten richten, die wir bemerken. So verstehen wir mit der Zeit das Prinzip der genauen Beobachtung komplexer Prozesse besser.

Auch mir fällt es nicht leicht, einfach umzuschalten, wenn ich von einer Person unbedingt eine bestimmte Art von Aufmerksamkeit und Zuwendung erhalten will, die ich gerade nicht bekomme. Aber wir können diesen Ansatz ja in einem minder schweren Fall einmal ausprobieren. Wenn wir die Aufmerksamkeit umlenken von der Frage: »Mag ich das oder nicht« zu: »Was ist eigentlich los?«, verändert sich alles, denn *Interesse* ist per se angenehm. Wenn wir die *belebende* Wirkung von Interesse spüren und wertschätzen, lockert diese Erfahrung das Verlangen nach angenehmen Gefühlen und kann Neid und Eifersucht schnell auflösen.

Ärger und unklare Grenzen

Wenn wir darunter leiden, dass wir häufig ärgerlich und wütend sind, können wir uns Folgendes überlegen: Wut kann man als eine sekundäre oder reaktive Emotion auf unklare Grenzen interpretieren. Ärger und Wut wollen uns darauf hinweisen, dass wir eine Grenze nicht spüren, sie ignorieren oder sie nicht klar ausdrücken. Je nachdem können wir das, was wir übersehen oder nicht klar vermittelt haben, nachholen.

Wut und Klarheit

Ärger und Wut kann man auch als Schrumpfvarianten von Klarheit interpretieren. *Klarheit* nimmt mindestens *drei Dinge* wahr: Das, was gerade *nicht funktioniert*, aber auch das, was trotz allem *da ist* und stimmt, und schließlich weiß Klarheit, dass sich alles wieder *verändern* kann, manchmal ohne unser Zutun und manchmal durch unser kluges Eingreifen. Wenn wir uns also das nächste Mal über uns oder andere ärgern, halten wir einen Moment inne und fragen uns: »Was stimmt gerade nicht? Was klappt trotz aller Konflikte? Kann sich die Situation auch wieder verändern?«

Wenn eine Kollegin zum Beispiel zehn Minuten zu spät kommt, können wir ihre Verspätung zur Kenntnis nehmen im Wissen, dass das nicht alles ist, was geschieht. Wir können uns auch darüber freuen, dass sie überhaupt kommt und nicht krankgeschrieben ist.

Wir können ihr einen Deal vorschlagen: »Immer wenn du zehn Minuten zu spät kommst, bleibst du zehn Minuten länger. Oder ich gehe zehn Minuten früher. Was meinst du?« Gute Deals sind die halbe Miete einer Konfliktlösung.

Jammern und Weltschmerz

Drei Reflexionen

Jammern

Manchmal jammern wir »gerne« über das, was uns *fehlt.* Statt kleine Schritte der Veränderung auszuprobieren oder uns Hilfe zu suchen, jammern wir. Wir tun das, weil wir uns ohnmächtig und hilflos fühlen. Was tun, wenn das Jammerprogramm läuft?

Erstens: Wir können uns mithilfe der Grundübung *Schwierige Gefühle* (siehe S. 31) immer wieder klarmachen, dass jedes Gefühl eine Erfahrung ist, die nicht andauert. Sie ist eine Erfahrung von vielen im Laufe eines Tages.

Zweitens: Wir können an gute Umstände denken, die da sind, auch wenn nicht alles perfekt ist: Wir haben ein Dach über dem

einfach leben
Ein Brief von Anselm Grün
Jetzt kostenlos testen!

Kopf, genug Nahrung, wir kennen einige Menschen, die uns mögen, und so weiter.

Drittens: Es fällt uns leichter, gute Umstände nicht für selbstverständlich zu halten, wenn wir an Bekannte oder Unbekannte denken, denen es nicht so gut geht wie uns.

Warum immer ich?

Wenn Dinge schiefgehen, fragen wir uns oft: »Warum stößt gerade mir das zu?« Wenn wir uns vom Pech verfolgt fühlen, fragen wir vielleicht: »Warum immer ich?« Auch Philosophen und Soziologinnen, Biologen und Psychologinnen fragen sich das und bieten die Antworten, die ihnen einleuchten. Wenn ihre Erklärungen uns beruhigen und trösten, erfüllen sie ihre Funktion. Wenn sie unser negatives Selbst- oder Weltbild bestärken, verschlimmern sie unsere Lage. Manchmal hilft eine einfache paradoxe Intervention: »Warum nicht ich?« Wir hören und lesen von Missgeschicken und Unfällen, Konflikten und Krankheiten. Sie kommen vor, warum dann nicht in unserem Leben?

Probieren Sie unterschiedliche Ansätze aus und bleiben Sie bei dem, was hilft. Niemand weiß genau, warum etwas geschieht, denn die Welt ist komplex.

Politischer Weltschmerz: Alles wird immer schlimmer! Wirklich?

Früher litten Menschen unter Melancholie, sie litten an sich und der Welt. Heute verfallen viele in eine Art politischen Weltschmerz, wenn sie Nachrichten hören, schauen oder lesen. Wir sind biologisch darauf konditioniert, gute Erfahrungen zu übersehen oder für selbstverständlich zu halten, denn sie sind ungefährlich. Wir achten auf unangenehme Erfahrungen und hören bei schlechten Nachrichten sehr genau hin, denn sie deuten Gefahr an. Ein genauer Blick auf Gefahren ist bei einem Leben in der Wildnis ein Überlebensvorteil. Die meisten Menschen, die an politischem Weltschmerz leiden, sind aber nicht in Gefahr. Sie haben Angst und sehen schwarz, weil sie an einer *kognitiven Verzerrung* leiden.

Das Leben ist heute weniger gefährlich als vor zehntausend Jahren. Es gibt heute zwar mengenmäßig mehr Gewalt als zum Beispiel 1840, aber damals lebten weniger als hundert Millionen Menschen auf dieser Erde und keine sieben Milliarden. Verglichen mit der *Anzahl der Menschen,* die heute leben, gibt es sehr viel *weniger Gewalt* und damit weniger Gefahren als früher. Die Wahrscheinlichkeit, eines unnatürlichen Todes zu sterben, lag vor zehntausend Jahren bei etwa zehn, fünfzehn Prozent, heute liegt sie im Promille-Bereich (Pinker 2011). Zu dieser kognitiven Verzerrung tragen die Medien einen großen Teil bei, weil sie vor allem über Gefahren, Katastrophen und unwichtige Randthemen berichten – sex and crime sells – und weit weniger über die vielen guten Dinge, die überall in der Welt geschehen.

Angst und Einsamkeit, Überforderung und Wut

Wir brauchen andere Menschen wie die Luft zum Atmen

Jede Zeit hat ihre Lieblingssorgen, denn Gefühle entstehen bedingt in einem bestimmten sozialen Kontext und sie unterliegen auch Moden. Jammern und Klagen sind »in«, und Burnout gilt nicht mehr nur als Variante einer Depression, sondern wird als Krankheit anerkannt und therapiert und sogar als unbewusster Widerstand gegen eine sinnwidrige und nutzlose Über-Leistungsgesellschaft interpretiert (Han, Wetzel 2014). Einsamkeit auszuhalten galt einst als Zeichen von Seelentiefe, notwendig im und als Widerstand gegen erstarrte Konventionen und gegen den Druck einer bürgerlichen Doppelmoral. Heute bedeutet Einsamkeit eine große Not für viele.

In unserer Zeit pendeln viele Menschen zwischen einsamer *Verzweiflung* und gemeinsamer oder einsamer *Zerstreuung*. Bloß nicht innehalten und genau hinschauen, was los ist. Das ist allerdings auch schwer, wenn man unsicher ist und sich als Versager fühlt. Diese Einstellungen zu sich werden stärker, wenn wir uns nicht mit anderen Menschen verbunden fühlen, mit denen wir offen über Gott und die Welt reden können. Man kann schwierige Gefühle nicht alleine auflösen. Sie sind immer auch Hinweis auf Unstimmigkeiten in unserer Beziehung zu anderen Menschen, zur Welt und zu kulturellen Werten.

Schwierige Gefühle weisen uns darauf hin, dass wir andere Menschen vermissen und brauchen, und auch darauf, dass Beziehungen im Zeitalter der Individualisierung keine einfache Sache sind, die man mit ein paar Seiten Lektüre in einem Beziehungsratgeber klären und auflösen könnte. Wir brauchen andere Menschen wie die Luft zum Atmen. Nicht nur für unser persönliches Wohl, sondern auch für die Veränderung unserer Gesellschaft hin zu mehr Gemeinwohl und Solidarität, Freundlichkeit, Mitgefühl und Gerechtigkeit. Beziehungen sind nicht einfach, aber möglich. Der Einsatz für gute Beziehungen lohnt sich auf jeden Fall. Beziehungen zu pflegen trägt seinen Lohn in sich, denn besonders bei Beziehungen ist der Weg das Ziel.

Sechs Reflexionen

Gemeinsam Angst, Ohnmacht und Wut überwinden

»Allein machen sie dich ein.« »Du kannst nicht gewinnen, solange du allein bist«, sang die Band Ton Steine Scherben in den 1970ern. Wenn wir allein gegen den Rest der Welt stehen, bekommen wir Angst, fühlen uns ohnmächtig und werden wütend. Man kann sich natürlich gegenseitig in seiner Angst und Ohnmacht bestärken und sich mit anderen Wutbürgern zusammentun. Dann traut man sich, die ohnmächtige Wut gemeinsam auszuagieren. Für die Dauer eines Wutanfalls spüren wir Angst und Ohnmacht vielleicht nicht, aber danach umso mehr.

Ein *Vorschlag*: Lernen Sie ein kleines Projekt kennen, das gute Veränderungen anstößt. Sie müssen dafür nicht weit reisen. Vielleicht kennen Sie jemanden, der sich gut auskennt und bereits ein Projekt bei Greenpeace, Amnesty International oder einer anderen Organisation unterstützt oder eine Schule für benachteiligte Kinder in Indien oder in einem Flüchtlingslager. Dabei lernen Sie, wie schwer es ist, gemeinsam mit anderen positive Ideen zu entwickeln und sie in Handeln umzusetzen, und Sie merken auch, dass es mehrere Menschen braucht, um Dinge in Gang zu setzen. Sie lernen Geduld und erleben die Unterschiedlichkeit der Menschen als Reichtum. Gemeinsam etwas Sinnvolles tun verringert Angst und Ohnmachtsgefühle, stärkt unsere Selbstvertrauen und – macht Freude.

Ich kann nicht mehr! Mir ist alles zu viel!

Viele Menschen arbeiten zu viel, wissen das, leiden sogar darunter und machen dennoch weiter. Warum nur? Das kann viele Ursachen und Rahmenbedingungen haben. Manche Leute arbeiten gerne, genießen das High oder den Flow und werden süchtig danach. Manche geraten in die Falle des Erfolgs und tun mehr, als gut ist, weil nur sie das so gut können. Anderen fehlt ein Herzensanliegen, das sie auf andere Gedanken bringt. Einige passen sich wider besseres Wissen an schlechte Arbeitsbedingungen an, weil sie Anerkennung suchen und »gefallen«

wollen. Und einige leisten aus Gewohnheit vor sich hin, weil ihnen nichts Besseres einfällt.

Manchmal muss erst der Körper seinen Dienst aufkündigen, bevor wir seine Botschaft hören. Ein paar Vorschläge zur Güte: Wenn Sie diszipliniert sind, bauen Sie jeden Tag eine Stunde »Nichtmüssen« in Ihren Tagesablauf. Gehen Sie spazieren oder lesen Sie ein »gutes« Buch, machen Sie ein paar Körperübungen und lesen Sie genüsslich »gute« Nachrichten. Die gibt es. Verplempern Sie jeden Tag ein bisschen Zeit. Probieren Sie, was für Sie möglich ist.

Das Sabbat-Prinzip

Die Steigerung der letzten Übung ist das Sabbat-Prinzip. Die Bibel erlaubt uns das Ausruhen, und stellt uns Gott als Vorbild hin: »Nachdem Gott, der Herr, die Erde in sieben Tagen geschaffen hatte, ruhte er sich am siebten Tag aus.« Diesen »Hinweis von oben« übersetze ich als Sabbat-Prinzip. Ich gebe Ihnen hiermit die Erlaubnis, ein Siebtel Ihrer Zeit dem »Nichtmüssen« zu widmen. Das heißt, Sie dürfen ein Siebtel der wachen Stunden eines Tages, also etwa zwei Stunden, ein Siebtel der Woche, also einen ganzen Tag, ein Siebtel des Monats, ein ganzes Wochenende und ein Siebtel eines Quartals, also eine ganze Woche, mit »Nichtstun« verbringen. Das bedeutet nicht, dass Sie nichts tun dürfen, sondern Ihr Tun soll in der Zeit keinem Zweck dienen. Es darf *zweckfrei* sein, was nicht zwecklos oder sinnlos bedeutet, sondern eine *Auszeit* aus dem gewohnten zielorientierten Tun. Wenn Sie auf den Geschmack des »Nichtmüssens« kommen, werden Sie merken, dass diese Zeit Ihr ganzes Leben verwandelt.

Sie müssen in dieser Zeit »nichts tun«, weder meditieren noch sich selbst optimieren oder weiterbilden, sondern Sie dürfen einfach Ihre Seele baumeln lassen, tun und lassen, was Sie wollen. Versuchen Sie es einfach, auch wenn Sie zu Beginn nur ein Vierzehntel, also die Hälfte der Zeit »schaffen«, die ich vorgeschlagen habe, nichts zu tun. Nichtmüssen und Nichtstun trägt seinen Lohn in sich.

Gruppen und Austausch

Die Neuzeit versprach den Menschen die Befreiung vom Zwang der Sippe und Gruppe und den Genuss der selbstbestimmten Autonomie, allerdings nur für die, die sich selbst Gesetze geben wollen und können, von gr. *auto*, selbst, und *nomos*, Gesetz. Allerdings sind wir zuerst und in erster Linie *soziale* Wesen und erst dann, und nur in Gemeinschaft mit anderen, auch Individuen. Nur wenn wir uns getragen fühlen vom großen Ganzen und von der Zugehörigkeit zu vertrauten Menschen – dazu zählen auch literarische, politische und spirituelle Vorbilder und Seelengefährten anderer Zeiten –, haben wir den Mut, auf eigenen Füßen zu stehen und Verantwortung für unser Leben zu übernehmen. Ohne diese Verbindung fühlen wir uns vielleicht frei, aber auch sehr einsam und allein. Dann verzweifeln wir oder suchen vielleicht eine Gemeinschaft, die sich über Abgrenzung zu anderen definiert. Wir brauchen nach meiner Erfahrung zwei, drei Gruppen, mit denen wir bestimmte Anliegen teilen.

Wenn wir uns die Lage der Welt anschauen, erfasst uns manchmal Verzweiflung. Wohin soll das ganze Chaos führen? Wer weiß eigentlich noch, wo es langgeht? Weiß irgendjemand noch Bescheid? Die *Antike* glaubte an den geordneten Kosmos und das *Mittelalter* an die Güte und Allmacht Gottes. Die *Neuzeit* glaubte an die Kraft der Vernunft in allen und versprach uns ein gutes Leben, wenn wir vernünftig sind. In Zeiten der *Globalisierung* scheinen allerdings eher Gier, Hass und Verblendung zu regieren, in der Form von Konsumdenken, Krieg und Gewalt und allerlei Ideologien, religiös verbrämt oder pseudowissenschaftlich kostümiert: Fundamentalismen, Sozialdarwinismus, Biologismus und, immer noch, alte und neue Esoterik und – als letzter Schrei der verzweifelten Vernunft, der Aberglaube der Rettung durch künstliche Intelligenz, der homo s@piens soll es richten (Kurzweil 1999).

Die Welt ist so komplex, dass einfache Erklärungen sie nicht fassen können. Was tun? Wem sollen wir glauben? Uns selbst? Aber wir wissen doch auch nicht Bescheid. Die große Chance unserer Zeit ist ein zwar endliches, aber großes Wissen über viele Kulturen und Epochen und die Möglichkeit, uns lokal und über Kontinente hinweg auszutauschen. Wir können regionale *Gesprächsgruppen* gründen, in denen wir uns mit sechs, acht Personen regelmäßig austauschen über unsere Vorstellungen von einem guten und gelingenden Leben. Wenn wir das ein Jahr oder länger alle sechs, acht Wochen tun, lernen wir viel darüber, wie langsam Prozesse der Veränderungen sind und wie fruchtbar.

Zwei Reflexionen

Ich bin so allein!

Fragen Sie sich: Welchen Gruppen fühle ich mich zugehörig? Welche Anliegen teilen wir? Definieren sich diese Gruppen über die Abgrenzung zu anderen oder über positive Interessen? Wie war das in meiner Kindheit und Jugend? Mit welchen Gruppen fühlen sich die Menschen in meinem Umfeld verbunden? Welche Anliegen teilen sie? Stimmt die Balance von Alleinsein und Beisammensein mit anderen in meinem Leben? Was will ich verändern? Was kann ich dafür tun?

Ich weiß nicht weiter! Vier Fragen von Kant
Wenn wir keine gemeinsamen Werte mehr teilen, fehlt uns oft die Orientierung im Leben. Denken Sie über die vier Fragen von Kant nach: Was kann ich wissen? Was darf ich hoffen? Was soll ich tun? Was ist der Mensch? Tauschen Sie sich mit anderen Menschen über diese Themen aus. Das gemeinsame Gespräch über wesentliche Dinge inspiriert und weckt Zuversicht. Denn alleine finden wir unseren eigenen Weg nicht. Wir brauchen dazu andere Menschen wie die Luft zum Atmen.

Wie geht es weiter?

Ich komme zum Ende meiner Überlegungen und Reflexionen über schwierige Gefühle. Menschen sind und bleiben verschieden, und wir leben alle unter unterschiedlichen Bedingungen. Daher unterscheiden sich auch die Gefühle, unter denen wir leiden und die unser Herz erfreuen. Ich habe die Gefühle erwähnt, die ich selbst erlebe und aus meinem privaten und beruflichen Umfeld kenne, aber natürlich auch Gefühle, die mich berühren, wenn ich Nachrichten höre, Romane lese oder Filme sehe. Sie können sich an dieser Stelle überlegen, welche schwierigen und angenehmen Gefühle für Sie derzeit am wichtigsten sind, was Sie an meiner Aufzählung hilfreich fanden und was Ihnen gefehlt hat.

Im nächsten Abschnitt stelle ich einige Überlegungen, Übungen und Reflexionen zu positiven, heilsamen oder konstruktiven Gefühlen vor, die uns helfen, schwierige Gefühle zu verarbeiten. Die vier himmlischen Gefühle habe ich schon zu Beginn erwähnt. Sie sind das Herzstück eines gelingenden Lebens. Ich weise im Anschluss auf »Tugenden« aus der europäischen Tradition hin und auf weiter hilfreiche Ansätze, die ich kenne.

Zwei Reflexionen

Wichtige Gefühle

Welche Gefühle haben im letzten Jahr eine wichtige Rolle gespielt? Angenehme? Schwierige? Wie war das in der Kindheit? Jugend? Mit zwanzig, dreißig …? Vor zehn, zwanzig Jahren? Wie gehen Sie damit um? Hilft das? Reicht das? Was fehlt? Was sind Ihre Lieblingsgefühle? Welche für Sie wichtigen Gefühle wurden in diesem Buch nicht erwähnt? Was können Sie von Ihrer Seite her tun, um angenehme und heilende Gefühle zu fördern und konstruktiv mit schwierigen Gefühlen umzugehen?

Das Wunder der Begegnung und des Austauschs

Mit wem reden Sie gerne über Gott und die Welt? Welche Themen liegen Ihnen derzeit am Herzen? Welcher Austausch fehlt? Beginnen Sie einfach, mit ein, zwei Menschen regelmäßig, zum Beispiel alle paar Wochen, über die Dinge zu sprechen, die Ihnen am Herzen oder auf der Seele liegen, für die Sie brennen. Vielleicht entsteht so eine Gruppe von sechs, acht Personen, mit denen Sie sich kontinuierlich über die wesentlichen Dinge austauschen: über politische oder gesellschaftliche, kulturelle oder spirituelle Anliegen. Ein gewisses Maß an Vielfalt ist hilfreich, allerdings sollten alle bereit sein, sich wertschätzend und einigermaßen offen zuzuhören. Kontinuität schafft Vertrautheit, und Vertrautheit weckt Vertrauen.

Im offenen Gespräch mit anderen entdecken wir, was wir selber denken, wir können Ängste und Befürchtungen ausdrücken, aber auch Hoffnungen und Sehnsüchte formulieren. Durch einen regelmäßigen Austausch fühlen wir uns mit anderen verbunden, und so können sich Urteile, Meinungen und Ängste relativieren.

Exkurs: Die Sieben Todsünden

Manchmal kann die Beschäftigung mit einem scheinbar vertrauten System abgelehnter Unwerte als eine kraftvolle paradoxe Intervention wirken. So ging es mir, als ich mit einer franziskanischen Nonne zusammen ein Seminar über schwierige Gefühle gab. Ich stellte das buddhistische Modell der drei beziehungsweise fünf reaktiven Emotionen vor, und die christliche Nonne die sieben Todsünden. Mir gingen Lichter auf. Vielleicht geht es Ihnen ähnlich. Dazu müssen Sie allerdings bereit sein, die Sündenliste nicht als Drohung eines strengen Vater-Gottes zu interpretieren, der unsere Freiheit beschränken und uns durch Schuldgefühle gefügig machen will, sondern als Beschreibung von schwierigen Erfahrungen und Zuständen.

Wenn man bestimmte schwierige Erfahrungen benennen und erklären kann, überwältigen sie uns nicht mehr völlig und wir können damit umgehen lernen. Vielleicht ist die Formulierung einer Liste von typischen schwierigen Gefühlen ein Versuch, Menschen eine konstruktive Distanz zu diesen Erfahrungen zu ermöglichen, um so ihre Dynamik besser zu verstehen und das Beste daraus zu machen. Falls Sie diesen Exkurs nicht hilfreich finden, blättern Sie einfach weiter zum dritten Teil, in dem ich Ressourcen zum klugen Umgehen mit schwierigen Gefühlen vorstelle.

Papst Gregor der Große stellte im 7. Jahrhundert nicht nur einen neuen Kalender auf, sondern ersetzte in der Liste der sieben alten Todsünden die *Traurigkeit* durch *Trägheit*. Auch Sünden folgen Moden. Parallel zum neuen Arbeitsideal der Benediktiner, bete und arbeite, *ora et labora*, wurde fehlender Arbeitseifer nicht mehr mit einer frommen Haltung entschuldigt, sondern als Sünde der Trägheit kritisiert. Die *neuen* sieben

Todsünden sind jetzt Stolz (früher wurde zusätzlich Ruhmsucht genannt), Neid, Zorn, *Trägheit* (früher: Traurigkeit, und davor geistige Trägheit), Habgier, Völlerei und Wollust. Sie gelten nach meinem Verständnis als Todsünden, weil sie unser Leben bis zum Tode vergiften, wenn wir sie nicht erkennen, verstehen und abbauen und durch konstruktive Haltungen ersetzen können. Sünde kann man nach der Wortwurzel *Sund*, Trennung, als Gefühl der *Getrenntheit* von Gott interpretieren. Wir fühlen uns im Stand der Sünde getrennt vom göttlichen Urgrund, vom großen Ganzen, und darunter leiden wir. Wir leiden unter Überheblichkeit und Neid, unter Zorn und Habgier, unter Völlerei oder Fresssucht und unter einem überstarken Bedürfnis nach Sexualität, das man heute wohl zu Recht Sex-Sucht nennt.

Reflexion: Die neuen sieben Todsünden
Kennen Sie die Erfahrung von Stolz, Neid, Zorn, *Trägheit* (früher: Traurigkeit und geistige Trägheit oder Denkfaulheit), Habgier, Völlerei und Wollust? Gab es Zeiten in Ihrem Leben, als Sie unter einer oder mehreren dieser Haltungen gelitten haben? Wie sind Sie damit umgegangen?

8. Ressourcen entdecken und fördern

Entspannen und Auftanken

Wenn wir aufgeregt oder enttäuscht sind, ängstlich oder wütend, müde oder krank, dann *wissen* wir das, weil wir *unangenehme* und *schwierige* Gefühle *erleben*. Gefühle informieren uns über unser Befinden und wollen gehört werden. Wir sollen sie spüren und hinschauen und das tun, was notwendig und hilfreich ist. Das, was die Not wendet, tröstet und, wo nötig und möglich, heilt. Wir brauchen allerdings Mut, um unangenehme Gefühle zuzulassen und zu spüren, und viel Lebenserfahrung, um ihre Botschaft nicht bloß zu *hören*, sondern auch zu *verstehen*.

Je nachdem, welche Anliegen und Gefühle gerade Mode sind, interpretieren wir sie unterschiedlich. Hektische und leistungsorientierte Menschen halten Innehalten für Trägheit, und eher träge Menschen halten tätige Menschen für unruhig. Wer sich mit seinem Leiden identifiziert, interpretiert vielleicht Freude am Tun sogar als unbewusste Ablenkung von unangenehmen Gefühlen. Regelmäßiger Kontakt mit Menschen, die anders ticken als wir, ist unverzichtbar, wenn wir die eigenen Muster erkennen und verstehen und konstruktiv verändern wollen.

Wir erleben mehr unangenehme Gefühle, wenn wir stark unter Druck stehen, und wir sind offener für angenehme Gefühle, wenn wir einigermaßen entspannt sind. Leider gilt Entspannung in unserer Zeit immer noch als Stillstand oder Faulheit, und wer nicht viel zu tun hat, ist ein Versager. Daran sind nicht nur Kapitalismus, Wirtschaft und die böse Leistungsgesellschaft schuld, sondern auch biologische und hormonelle Prozesse, die uns auf Trab halten, und – die Sucht nach Intensität. Wer tüchtig ist, gerne viel leistet und vor allem mit dem aktiven Modus vertraut ist (Sympathikus), hält schon das Runterfahren des Energiepegels und das Umschalten in den Modus der Entspannung (Parasympathikus) für unangenehm und nimmt sich dann meist das nächste spannende Projekt vor oder schaut zur Entspannung Krimis oder Seifenopern, checkt Mails, surft im Internet, daddelt am PC oder treibt Leistungssport.

Eine Art von weniger prickelnden und oft als unangenehm erlebten Gefühlen können und müssen wir aushalten lernen: Runterfahren und Entspannung nach viel Arbeit. Das geht leichter, wenn wir begreifen, dass Entspannung lebensnotwendig ist, nicht nur um wieder fit für Arbeit und stressigen Alltag zu werden, sondern schlicht für unsere Gesundheit. Im aktiven Modus funktionieren Verdauungs- und Schlafsystem nur auf Sparflamme beziehungsweise werden ganz abgeschaltet, und auch das Immunsystem wird nicht repariert, denn wir brauchen alle Energie für unser Tun. Wir müssen einmal am Tag eine kurze und einmal eine längere Pause einlegen. Je nach Arbeitszeit und biologischem Rhythmus kann die längere Phase der Ruhe und Entspannung abends oder am frühen Morgen sein. Das brauchen wir jeden Tag, sonst werden wir schnell unfreundlich, nervös und genervt und sind anfällig für die bekannten Zivilisationskrankheiten: Schlafstörungen, Verdauungsprobleme und Allergien (Wetzel 2014, 2017).

Es gibt glücklicherweise Tätigkeiten und Abläufe, bei denen sich eine Beschleunigung nicht lohnt (Han 2011), und sie sind besonders gut für die Regeneration geeignet: Garten- und Hausarbeit, künstlerisches und handwerkliches Tun, Lesen und Gespräche, Spazierengehen, sanfter Sport und so weiter. Bei solchen Tätigkeiten können wir beides, entspannen und auftanken, und so Kraft schöpfen nach viel Arbeit. Die Übung *Sternstunden* kann Ihnen helfen, solche Momente und Abläufe zu erkennen. Da wir Menschen Gewohnheitstiere sind, fällt es uns leichter zu entspannen und aufzutanken, wenn wir dieselbe Sache regelmäßig tun, zu einer bestimmten Zeit oder an einem bestimmten Punkt am Tag. Vertrautheit weckt Vertrauen in das, was wir tun, das heißt in uns selbst und ins Leben. Wenn wir einiges, was uns guttut, regelmäßig mit anderen tun, fördert es auch das Vertrauen in andere.

Zwei Reflexionen

Sternstunden und angenehme Gefühle

Denken Sie an eine angenehme Situation der vergangenen Tage, an einen Moment des Wohlbefindens. Was hat mitgespielt? Waren Sie drinnen oder draußen in der Natur? Allein oder mit anderen zusammen? In Ruhe oder in Bewegung? Welche Sinne spielten mit? Welche Sinne standen im Vordergrund? War es eine vertraute Situation oder ein besonderer Moment? Was können Sie in den nächsten Tagen und Wochen dafür tun, dass solche Momente mehr Raum in Ihrem Leben haben?

Entspannen und Auftanken

Welche Bedingungen helfen Ihnen zu entspannen? Was gibt Ihnen Kraft? Was tun Sie regelmäßig, wo sich Beschleunigung nicht lohnt? Was tun Sie davon allein? Was mit anderen zusammen? Was können Sie von Ihrer Seite her tun, um Raum zu schaffen für regelmäßiges Entspannen und Auftanken? Allein und mit anderen? Was wollen Sie in den nächsten Tagen und Wochen konkret tun, um sich zu entspannen und aufzutanken?

Freude, Beziehungen, Sinn

Wir können schwierige Gefühle besser verarbeiten, wenn wir Zugang zu drei wichtigen Ressourcen haben: zu Freude, Beziehungen und Sinn. Es geht nicht nur um das biologische Überleben, sonst würden Essen und Trinken, ein bisschen Bewegung und Schlafen ausreichen, und dafür sorgen auch die Tiere.

Zu einem gelingenden Leben als Mensch gehört eine gemeinsame Welt, die wir mit anderen gestalten: Wirtschaft und Recht,

Zivilgesellschaft und Politik und eine Vision der menschlichen Möglichkeiten, die früher vor allem durch Mythen und Religion und heute durch kosmopolitische und humanitäre Vorstellungen geprägt wird. Neben einem vielfältigen Beziehungsnetz und einer sinnstiftenden Sicht auf die Welt gehört die Fähigkeit, sich über kleine und große Dinge zu freuen, zu den drei zentralen Ressourcen für ein gutes Leben. Sie sorgen dafür, dass wir uns getragen fühlen und zugehörig zum großen Ganzen, und das brauchen wir, um Leiden zu verarbeiten. Die Fähigkeit »sich«(!) zu freuen, ist auch aus dem Grund so wichtig, weil Freude ein Heilmittel für alle Arten von Ängsten ist. Es ist nicht möglich, Angst zu empfinden, wenn man sich gerade über das Blümchen am Wegesrand oder ein liebevolles Lächeln freut.

Wir werden immer wieder unangenehme Erfahrungen machen, denn das Leben bleibt trotz technologischem Fortschritt, umfassendem Wissen und großartigen psychotherapeutischen Verfahren unbeständig und unkontrollierbar, und wir bekommen es nie völlig in den Griff. Das müssen wir aushalten lernen und versuchen, das Beste daraus zu machen. Für uns und andere (Wetzel 2014).

Reflexion: Ressourcen

- Wer oder was hat Ihnen in Ihrer letzten Krise geholfen?
- Worüber haben Sie sich letzte Woche gefreut?
- Welche Menschen gehören zu Ihrem Leben?
- Welchen Gruppen fühlen Sie sich verbunden?
- Was gibt Ihrem Leben Sinn?

Himmlische Gefühle

Als himmlische Gefühle gelten im Buddhismus vier Haltungen: Freundlichkeit oder Wohlwollen, Mitgefühl, Freude beziehungsweise Mitfreude und Gleichmut beziehungsweise Gelassenheit. Die Faustregel ist einfach: Wenn das Leben gut läuft, üben wir Freundlichkeit, Freude und Mitfreude; und wenn es schlecht läuft, üben wir Mitgefühl mit uns und anderen und Gelassenheit. Gibt es noch Fragen? Sie entfalten sich allerdings nicht von alleine, aber auch hier macht die geduldige und regelmäßig Übung die Meisterin. Wie im richtigen Leben.

Wir fangen mit der Haltung an, die uns inspiriert, und üben sie mit uns selbst beziehungsweise mit einer Person, bei der uns diese Haltung leichtfällt, wenn möglich vier, fünf Mal die Woche. Wir können jede einzelne Haltung eine Woche lang üben, und wenn wir damit vertraut sind, jeden Tag mit einer anderen Person. Schauen Sie, was für Sie gut funktioniert. Traditionell beginnt man bei sich, geht dann weiter zu einer Person, die uns fördert oder Gutes tut, und übt weiter mit Menschen, die man kaum kennt, die man nicht besonders und gar nicht mag. Dann weitet man das Schritt für Schritt aus auf alle Menschen in der Region, im Land, in Europa, auf der ganzen Erde, im ganzen Weltall – so weit uns unser Vorstellungsvermögen trägt. Sie können die hier vorgeschlagenen Sätze nehmen oder eigene Formulierungen finden. Sie können diese Übungen nicht zu oft machen, denn sie tragen ihren Lohn in sich.

Übungen

Alle vier Haltungen:

- Möge ich glücklich sein, frei von Leid, voller Freud', in Gleichmut ruh'n.
- Möge X glücklich sein …

Freundlichkeit:
- Möge ich glücklich sein …
- Möge X froh und gesund sein, heiter und leicht …

Mitgefühl:
- Möge ich frei sein von Leid …
- Möge X frei sein von Leid, Angst und Krankheit …

Freude und Mitfreude:
- Möge ich voller Freude leben …
- Möge X voller Freude leben, Liebe, Gesundheit, Erfolg genießen …

Gleichmut:
- Möge ich in Gleichmut ruh'n …
- Möge X gelassen sein im Sturm des Lebens …

Hindernisse und Heilmittel und die Stärken hinter den Schwächen

Das Leben ist und bleibt ein Risiko, auch wenn gerade alles gut läuft. Und in Umbruchzeiten ist die Zukunft noch ungewisser als in ruhigen Zeiten. Aber auch ruhige Zeiten sind nicht einfach, denn wenn es Menschen »zu gut geht«, wird es ihnen langweilig, und dann stellen sie irgendetwas an, damit endlich wieder etwas los ist. Ewiger Frieden mag eine tröstliche Vision in kriegerischen Zeiten sein, aber auch Frieden garantiert kein dauerhaftes Glück. Es lohnt sich immer, sich für Frieden einzusetzen und Streit, Gewalt und Kriege zu vermeiden, soweit das möglich ist, aber wir sollten immer auch damit rechnen, dass die Zeiten wieder schwierig werden können. Das mögen vor allem ängstliche Menschen nicht gerne hören, denn Streit vergrößert meist unsere Angst.

Zum buddhistischen Werkzeugkasten für schwierige Zeiten gehören fünf Heilmittel für häufig auftretende schwierige Gefühle, die man im Buddhismus auch Hindernisse für den Herzensfrieden nennt.

Diese Heilmittel lernen wir durch Sammlungsübungen kennen, wir können sie aber auch im Alltag schulen. Die fünf Hindernisse oder unangenehmen Gefühle sind: Trägheit, Zweifel, Ärger, Habenwollen oder Gier und Unruhe oder Sorgen. Und die fünf Heilmittel sind: Anpacken, Dranbleiben, körperliches Wohlbefinden, Interesse und Freude.

Wir können *Trägheit* auflösen und heilen, indem wir eine Aufgabe *anpacken* und uns zu ihr hinwenden. *Zweifel* lösen sich auf, wenn wir uns länger mit *einer* Sache beschäftigen und sie genauer *untersuchen*. *Ärger* löst sich auf durch *körperliches Wohlbefinden*. Manchmal reicht schon ein kleiner Spaziergang oder fünf Minuten rhythmisch mit den Armen schwingen. Wollen wir etwas *unbedingt haben*, können wir uns bewusst und gezielt mit etwas davon ablenken, was uns sehr *interessiert*. Ein gutes Gespräch, eine spannende Lektüre oder eine knifflige Aufgabe eignen sich.

Machen wir uns *Sorgen* oder sind wir *unruhig*, können wir auf eine kleine Sache achten, die uns *Freude* bereitet. Freude löst Sorgen zumindest so lange auf, wie wir uns freuen. Je mehr Freude wir in unser Leben hereinlassen, desto weniger Sorgen können wir uns machen. Vielleicht hat die Sorgenmentalität vieler Menschen auch damit zu tun, dass sie die guten Bedingungen ihres Lebens für selbstverständlich halten und immer höhere Ansprüche entwickeln. Dankbarkeit und Wertschätzung für das, was da ist, ist ein Tor zu fast unerschöpflicher Freude.

Manchmal besteht der einfachste Weg, mit schwierigen Gefühlen umzugehen, darin, dass wir eine *Fähigkeit* dahinter entdecken. Ich habe diesen Ansatz schon zu Beginn dieses Teils vorgestellt, am Beispiel der fünf reaktiven Emotionen und der fünf Arten von Weisheit. Sie überschneiden sich zum Teil mit den fünf Hindernissen, und wir können daher ähnliche Fähigkeiten oder Stärken dahinter oder darin entdecken.

Wer eher *träge* und inaktiv ist, muss auch nicht immer gleich eingreifen, wenn etwas nicht klappt, und das kann sehr viel zu *Stabilität* und Ruhe in einer Gruppe beitragen. Hinter *Gier* und Habenwollen stehen Interesse, *Wertschätzung* und oft ein Sinn für Schönheit. Wer sich »gerne« *ärgert* und häufig Kritik übt, hat einen guten Sinn für *Unterschiede* und Mängel, bemerkt schnell eigene Grenzen und kann das auch vermitteln. Diese Art von *Klarheit* kann sehr fruchtbar sein, wenn das Kritisieren nicht zu einer bloßen Gewohnheit wird.

Wer zu Unruhe und *Sorgen* neigt, kann Probleme meist frühzeitig erkennen, ist vorsichtig, *umsichtig* und sorgfältig. Wer an sich und anderen *zweifelt*, kann meist auch gut *abwägen* und will nichts überstürzen. Wir brauchen alle diese Fähigkeiten und wenn wir anfangen, sie als die Hintergrundweisheit hinter unangenehmen Gefühlen auch nur zu ahnen, fürchten wir sie nicht mehr so sehr bei anderen und mit der Zeit auch weniger bei uns selbst.

Zwei Reflexionen

Fünf Hindernisse und ihre Heilmittel

Kennen Sie eines dieser Hindernisse besonders gut? Dann probieren Sie das vorgeschlagene Heilmittel aus. Sie können nichts dabei verlieren, sondern Sie machen einfach neue Erfahrungen. Sie können jeden Tag ein Heilmittel ausprobieren und schauen, was hilft. Was heilt Trägheit, Zweifel, Ärger, Habenwollen oder Gier und Unruhe oder Sorgen? Anpacken heilt Trägheit, genaues Untersuchen heilt Zweifel, körperliches Wohlbefinden heilt Ärger, Hingabe an eine Sache heilt Gier und Freude heilt Sorgen und Unruhe.

Hindernisse und ihre verborgenen Stärken
Keine reaktive Emotion und kein Hindernis ist sinnlos oder überflüssig. Sie können uns auf verborgene Fähigkeiten hinweisen. Manchmal müssen wir viele Male hinschauen, bis wir die Stärke hinter der Schwäche entdecken. Probieren Sie es aus, immer und immer wieder. Irgendwann hören Sie die Stimme der Weisheit. Hinter Trägheit steht die Gelassenheit, sich nicht überall einmischen zu müssen. Hinter Zweifel steckt ein kritischer Geist. Hinter Ärger verbirgt sich die Klarheit, genau hinzuschauen und Unterschiede und Feinheiten zu erkennen. Hinter Habenwollen steckt oft ein Sinn für Qualität und Schönheit. Und hinter Unruhe oder Sorgen steckt die Fähigkeit, vorsichtig, umsichtig und sorgfältig zu sein.

Tugenden bei Platon, Aristoteles und in der Stoa

Wie Sie sehen, inspirieren mich die Tugenden aus anderen Zeiten und Kulturen. Was halten Sie von *Platons* Tugendliste? *Weisheit, Tapferkeit* und *Mäßigung* sowie *Gerechtigkeit* als die Ordnung der drei ersten Tugenden? Wir müssen nicht das ganze Paket von Platon übernehmen, denn er ordnete sie den drei Ständen seines idealen Staates zu, in dem die Herrscher weise, die Krieger oder der Adel tapfer und die Bauern und Handwerker maßvoll sein sollten (Spierling 2017, 57ff.).

Ich denke, ein bisschen Weisheit kann nicht schaden, manche Situationen erfordern Mut. Das rechte Maß ist zwar nie leicht zu bestimmen, fördert aber Gesundheit und Harmonie unter den Menschen; und Gerechtigkeit ist immer noch ein großes Ideal der Menschen, auch wenn wir uns bislang nicht einigen können, wie Gerechtigkeit genau funktionieren soll, wenn doch die Menschen sich konkret sehr unterscheiden.

Aristoteles ist zuversichtlich, weil für ihn das Gute nicht nur eine schöne Idee ist, sondern er davon ausgeht, dass wir es im empirischen Leben finden können. Wir können tugendhaft *werden*, wenn wir das *wollen*, und uns durch stetes Üben an Tugenden *gewöhnen*. Er betont, dass gute Charaktereigenschaften die rechte Mitte zwischen zwei Extremen finden: *Tapferkeit* vermeidet die Extreme von Angst und Verwegenheit, *Freigebigkeit* vermeidet Geiz und Verschwendung, *Selbstbeherrschung* gibt weder der Gier nach, noch ist sie gefühllos. Und *Gerechtigkeit* will Unrecht-Tun und Unrecht-Erleiden nach Möglichkeit vermeiden.

Besonders schätzt Aristoteles die Hochsinnigkeit, die die Extreme von Kleinmut und Aufgeblasenheit vermeidet. Mit der Haltung ist man mit sich selbst im Reinen, und das bedeutet für Aristoteles moralische Integrität und Glück. *Freundschaft* als gegenseitiges Wohlwollen und die schon erwähnte *Gerechtigkeit* sind schließlich die Tugenden, die es für einen guten Staat braucht. Es gibt allerdings kein objektives Maß, keine messbare Quantität von Tugenden, denn die Menschen unterscheiden sich und es gibt unendlich viele Handlungssituationen. Damit möchte ich meinen kleinen Exkurs zu Aristoteles' Tugenden schließen.

Die römischen *Stoiker*, Seneca, Epiktet, Marc Aurel und andere empfahlen als Weg zum Seelenfrieden vor allem, zwischen den Bedingungen, die in unserer Macht stehen, und denen, die nicht in unserer Macht stehen, zu unterscheiden. Wenn wir nicht mehr gegen das kämpfen, was wir nicht beeinflussen können, haben wir mehr Kraft, uns um das kümmern, was wir beeinflussen können. Das fördert Gelassenheit, *apathia*, und führt mit der Zeit zu unerschütterlicher Ruhe, *ataraxia*, und Selbstgenügsamkeit, *autarkia*. Eine zentrale Reflexion der Stoa besteht darin, mögliches Unglück und den eigenen Tod gedanklich vorwegzunehmen und dadurch mehr und mehr wach und unerschrocken durchs Leben zu gehen. Tägliche Selbstreflexion ermöglicht eine Praxis der kleinen Schritte, die uns hilft, Fehler zu erkennen und abzulegen (siehe S. 86). Auch die buddhistischen Traditionen empfehlen das Nachdenken über die natürlichen Leiden des Lebens (siehe S. 50) und über die eigene Sterblichkeit, und eine kleine Übung soll zeigen, wie man das machen kann.

Vier Reflexionen

Die Tugenden bei Platon

Halten Sie die vier Tugenden Weisheit und Tapferkeit, Mäßigung und Gerechtigkeit für erstrebenswert? Falls ja, wovon könnten Sie ein bisschen mehr gebrauchen? In welchen Bereichen Ihres Lebens?

Die Tugenden bei Aristoteles

Welche dieser Tugenden spielen eine Rolle in Ihrem Leben? Welche möchten Sie gerne pflegen? In welche Extreme geraten sie leicht?

- Tapferkeit vermeidet Angst und Verwegenheit.
- Freigebigkeit vermeidet Geiz und Verschwendung.

- Selbstbeherrschung gibt weder der Gier nach, noch ist sie gefühllos. Gerechtigkeit vermeidet Unrecht-Tun und Unrecht-Erleiden.
- Hochsinnigkeit vermeidet Kleinmut und Aufgeblasenheit.
- Freundschaft ist gegenseitiges Wohlwollen.

Lebensweisheit der Stoa
Welche Lebensbedingungen stehen in meiner Macht und welche nicht? Was kann ich verändern? Was kann ich nicht verändern? Gegen welche Bedingungen kämpfe ich innerlich immer wieder an, obwohl ich weiß, dass ich sie nicht verändern kann?

Auch ich werde sterben
Was würde ich verändern, wenn ich wüsste, ich werde in dreißig, zwanzig, zehn Jahren, Monaten, Wochen, Tagen, Stunden sterben? Was will ich bis dahin noch lernen und erleben? Was will ich lassen?

Natürliches und zusätzliches Leiden (siehe S. 50).

Tugenden der Neuzeit

Schon Sokrates hatte das Vertrauen seiner Zeitgenossen in die *kollektiven* Regeln der Sittlichkeit und Moral erschüttert und gefordert, dass sich jeder Einzelne aus *eigener Einsicht* tugendhaft verhält. Die europäische Aufklärung knüpfte im 17. und 18. Jahrhundert daran an und vertraute darauf, dass sich die Menschen mithilfe ihrer *Vernunft* selbst Gesetze geben und *Verantwortung* für ihr Handeln übernehmen können. Dieses Vertrauen ehrt sie, und ihre hohe Meinung von den Möglichkeiten der Menschen ist immer noch eine Quelle der Inspiration für viele. Es scheinen aber nicht alle Menschen bereit und fähig zu sein, sich ihres eigenen Verstandes zu bedienen, sich selbst vernünftige Gesetze zu geben und die Verantwortung für ihr Verhalten zu übernehmen.

Es braucht sehr gute Bedingungen, damit alle Menschen ihre Vernunft entdecken. Solange das nicht der Fall ist, geht es darum, gute Bedingungen zu schaffen, damit sich möglichst viele Menschen durch stete Übung an ein ethisches Verhalten gewöhnen können. Wer das kann, sollte nicht als selbst ernannter Moralapostel den anderen Tugend predigen, sondern sich vor allem darum bemühen, ihnen ein gutes Beispiel zu geben. Denn das inspiriert mehr als gut gemeinte und wohlformulierte Moralpredigten.

Der schottische Aufklärer David Hume versuchte im 18. Jahrhundert eine *diesseitige* Ethik des *Mitgefühls* zu entwickeln, ohne Metaphysik, ganz auf der Grundlage des empirischen menschlichen Bewusstseins. Er konnte und wollte sich weder auf die antike Vorstellung eines geordneten Kosmos noch auf die mittelalterliche Idee einer von Gott offenbarten Ethik stützen. Er geht als scharfer Beobachter und großer Realist davon aus, dass *nicht* die *Vernunft* unseren Willen leitet, sondern unsere *Affekte*. Affekte oder Gefühle sind für ihn Teil der Natur, sie sind uns gegeben, aber wir können uns mithilfe der Vernunft entscheiden, ob wir ihnen zustimmen oder nicht. Das Moralgefühl, *moral sense*, ist für ihn die *innere Zustimmung* zum Guten.

Wir *wissen* nach Hume, was gut ist, wenn wir die *Folgen* unseres Handelns auf uns und andere untersuchen. Wir handeln gut oder tugendhaft, wenn unser Verhalten *angenehme* oder *nützliche* Auswirkungen auf uns und andere hat, und unser Verhalten ist dann schlecht oder nicht tugendhaft, wenn es weder angenehm noch nützlich für uns und andere ist oder direkt schadet.

Hume hielt Sympathie im Sinne von *Wohlwollen* und *Mitgefühl* für das Herz aller Gefühle und schätzte *Wohlwollen* und *Gerechtigkeit* als die höchsten *sozialen* Tugenden. Weil wir fehlbare Menschen sind und bleiben, brauchen wir allerdings Konventionen und Gesetze, denn sie schützen uns vor schlechten Gewohnheiten (Spierling 2017). Lassen Sie die kleine Auswahl aus seiner Liste von Tugenden auf sich wirken und überlegen Sie, welche auch für Sie positiv sind und welche nicht. Vielleicht fallen Ihnen weitere Verhaltensweisen ein, die für Sie und andere angenehm oder nützlich sind.

Der französische Philosoph André Comte-Sponville stellt in seinem Bestseller *Ermutigung zu einem unzeitgemäßen Leben* Mitte der 1990er-Jahre 18 Tugenden vor, die uns heute zu einem guten Leben für uns und andere inspirieren können. Die erste wohlwollende Verhaltensweise ist *Höflichkeit*, sie ist für ihn noch keine Tugend, da sie die Moral nur nachahmt, allerdings erleichtert sie den Kontakt mit Menschen, die wir schwierig finden. Die letzte Haltung ist die *Liebe*; sie keine Tugend mehr, denn sie entsteht aus tiefer Achtung für alle Menschen. Lassen Sie auch seine Liste von Tugenden auf sich wirken und schauen Sie, welche Sie schätzen und selbst üben oder üben wollen und welche eher nicht.

Zwei Reflexionen

David Hume: Nützliche und angenehme Handlungen

- Nützlich für andere: Wohlwollen, Menschenliebe, Gerechtigkeit …
- Nützlich für uns selbst: Besonnenheit, Fleiß, Sparsamkeit, Willensstärke, Körperkraft …
- Angenehm für andere: gute Manieren, Höflichkeit, Witz, Reinlichkeit, Charme …

- Angenehm für uns selbst: Heiterkeit, Mut, Selbstwertgefühl, philosophische Ruhe …

Sponville: 18 Tugenden
Was verbinden Sie mit diesen Fähigkeiten oder Tugenden? Welche kennen Sie gut und schätzen Sie? Welche wollen Sie gerne üben und welche eher nicht?

Höflichkeit, Treue, Klugheit, Mäßigung, Mut, Gerechtigkeit, Großherzigkeit, Mitleid, Barmherzigkeit, Dankbarkeit, Demut, Einfachheit, Toleranz, Reinheit, Sanftmut, Aufrichtigkeit, Humor, Liebe, als sexuelle Liebe, Freundschaft und göttliche Liebe.

Glaube, Liebe, Hoffnung und himmlische Gefühle

Ich möchte die Reihe der Übungen zu angenehmen, heilsamen oder konstruktiven Gefühlen oder Tugenden mit den drei christlichen Tugenden Glaube, Liebe und Hoffnung und den vier himmlischen Haltungen abschließen. Buddhistisch übersetzt geht es bei den drei christlichen Kardinaltugenden um ein unerschütterliches *Vertrauen* ins Leben, um eine tiefe *Verbundenheit* mit allen und allem, was ist, und schließlich um eine *Zuversicht*, die es mit dem Auf und Ab des Lebens aufnehmen kann, weil sie sich getragen weiß vom großen Ganzen, das den Menschen und Wesen wohlgesonnen ist. Nach Josef Pieper (2012) entsteht Hoffnung, wenn wir weder die Erfüllung vorwegnehmen, das wäre Hybris, Überheblichkeit, noch das Scheitern vorwegnehmen, das wäre Verzweiflung, sondern darauf vertrauen, dass es gut gehen kann.

Da wir nie wissen können, ob es letzten Endes gut geht oder nicht, können wir genauso Zuversicht wagen, anstatt zu verzweifeln. Denn es kann auch gut gehen. Wenn viele Menschen diese Zuversicht mitten im Leid wagen, kann es tatsächlich gut gehen. Denn Zuversicht ist ein wichtiger Faktor für ein gelingendes Leben. Vielleicht sogar der Wichtigste. Wer weiß? Selbst wenn es in unserem speziellen Fall oder bei Menschen, die uns nahestehen, am Ende nicht gut geht, dann haben wir zumindest in der Zeit bis zum Ende mit Zuversicht gelebt. Wir können nichts verlieren, außer unserer Angst. Also können wir es wagen, mit Zuversicht durchs Leben zu gehen und andere damit anzustecken.

Zwei Reflexionen

Glaube, Liebe und Hoffnung

Wie steht es um Ihr Vertrauen ins Leben? Fühlen Sie sich mit allen und allem, was ist, verbunden? Spüren Sie die Zuversicht, dass es auch gut gehen kann? Falls ja, wunderbar. Dann gelingt Ihr Leben auch in schweren Zeiten. Falls nein, können Sie das freundlich zur Kenntnis nehmen und einfach einmal ausprobieren, wie es sich anfühlen könnte, wenn Sie das glauben würden? Verbringen Sie eine Stunde oder einen Tag, als ob Sie Glaube, Liebe und Hoffnung hätten. Oder eine ganze Woche.

Himmlische Gefühle

Mögen die Wesen nur Glück erleben, frei von Leid, voller Freud', in Gleichmut ruh'n.

Ein Vorschlag zur Güte

Unangenehme und schwierige Gefühle gehören zum Leben, denn Erfahrungen sind unbeständig und wir bekommen das Leben nie völlig in den Griff. Damit können Sie gut umgehen, wenn Sie im Schutz himmlischer Haltungen und heilender Tugenden leben.

Sie können sich an Tugenden und himmlische Gefühle gewöhnen, wenn Sie das wollen, und sich häufig damit befassen.

Probieren Sie es einfach. Sie haben nichts zu verlieren, außer Ihrer Angst.

Ausführliches Inhaltsverzeichnis

Glossar

Mit Seitenhinweisen auf die ausführliche Darstellung von Begriffen und Themen.

Hinweis zu fremdsprachigen Begriffen
Da sich dieses Buch an ein breites Publikum richtet, werden nur dann fremdsprachige Begriffe erwähnt, wenn es der Klärung dient. Wenn nicht anders erwähnt, werden sie im indischen Sanskrit, der Sprache des Mahayana, genannt, es sei denn, sie sind bekannt in einer anderen Sprache, zum Beispiel unter dem indischen Pali-Begriff oder auf Latein, lat., oder Griechisch, gr., und so weiter. Weitere Hinweise finden Sie im Glossar und im Literaturverzeichnis.

Einmaleins: Numerische Listen

Drei Gehirnbereiche (75)
Der Hirnstamm, auch Stammhirn, altes Gehirn oder Reptiliengehirn genannt, ermöglicht Handlungsfähigkeit auch ohne Bewusstheit. Das limbische System oder Gefühlssystem sorgt für schnelle Entscheidungen auf der Grundlage von mögen und nicht mögen. Das neue Gehirn, der Neokortex, ermöglicht es

uns, spezifisch *neokortikale* Fähigkeiten zu entwickeln: das eigene Verhalten mit Körper, Rede und Geist *beobachten* zu können, die *Folgen* von Handeln abzuschätzen, *Komplexität* zu ahnen und *freundliche* und mitfühlende Einstellungen auch zu *Sippenfremden* zu entwickeln.

Drei Gesetze des Lebens (36)
Auch drei Daseinsmerkmale: Leiden, Unbeständigkeit und Unkontrollierbarkeit, wörtlich Nicht-Ich, Pali *duhkha, anicca, anatta.* Manche Autoren übersetzen *anatta* mit Kein-Ich. Das würde das Missverständnis nähren, der Buddha habe behauptet, es gäbe kein Ich. Er sagte aber lediglich, dass das Ichgefühl situativ auf der Basis der fünf Skandhas entsteht und dass das, was wir gerade erleben – Sinneswahrnehmungen, Gefühle, Gedanken und so weiter – kein Ich sind, das man fassen könnte.

Drei Ich-Perspektiven (45)
Immer wenn wir irritiert, verletzt, müde und so weiter. sind, neigen wir dazu, dem Kindheits- oder Eltern-Ich die Situation zu überlassen. Wenn wir wissen, wer gerade spricht, kann das Erwachsenen-Ich die Situation realistisch betrachten und zwischen den unterschiedlichen Haltungen moderieren lernen. Die Fragen: »Wie alt bin ich gerade? Wer spricht?«, sind ein erster Schritt zur Desidentifikation (Harris 2007).

Vier unermessliche Haltungen
Siehe heilende Gefühle.

Drei Gifte
Gier, Hass und Verblendung; siehe auch sechs Hauptverblendungen.

Vier Schleier (26)
Vier Arten von Unklarheit oder Unwissenheit, die den direkten und schöpferischen Kontakt mit unseren Erfahrungen und damit mit dem Leben blockieren: 1. der Schleier vor Buddha-Natur, 2. der Schleier der übertriebenen Getrenntheit beziehungsweise der dualistischen Sicht, 3. der Schleier der Kleshas, das heißt der ungültigen Konzepte und der reaktiven Emotionen, und 4. der Schleier des Karma, das heißt der eingefahrenen Gewohnheiten.

Fünf Bodhisattva-Gelübde (86)
Eine Zusammenfassung in fünf Gelübden: 1. Sprich nicht über die Fehler anderer, sondern erkenne deine schädlichen Muster. 2. Lobe dich nicht, indem du andere herabsetzt und abwertest. 3. Sei großzügig und nicht geizig. 4. Agiere Ärger und Wut nicht aus. 5. Nimm immer wieder Zuflucht zu den Drei Juwelen. In anderen Worten: Übe dich in tiefem Vertrauen, nenn es Gottvertrauen, Vertrauen ins Leben, die Natur oder den Kosmos.

Fünf Arten des Ichgefühls (20)
Die tibetische Tradition beschreibt fünf Arten von Ichgefühl: das bloße Ich und vier Arten der Fixierung, die uns einengen und das Vertrauen in die innere Weisheit in uns und allen blockieren: das bloße Ich, das verfestigte Ich, Stolz auf das verfestigte Ich, das soziale Ich und schließlich das heilige Ich, tibetisch *dag tsam, dagdzin, dag je dzin, dag dön je, dag dampa/dagpa*. Wir können bei Enttäuschungen innehalten und diese Fixierungen erkennen lernen, begreifen, wo wir gerade feststecken, und uns darin üben, immer wieder zum bloßen Ich zurückzukommen.

Fünf Hindernisse und Heilmittel (157)
Die fünf Hindernisse oder unangenehmen Gefühle sind: Trägheit, Zweifel, Ärger, Habenwollen oder Gier und Unruhe oder Sorgen. Und die fünf Heilmittel sind: anpacken, dranbleiben, körperliches Wohlbefinden, Interesse und Freude.

Fünf Kleshas und fünf Arten von Weisheit (134)
Im tibetischen Vajrayana werden fünf reaktive Emotionen oder *Kleshas* – Ignoranz, Stolz, Anhaftung, Hass, Neid beziehungsweise Eifersucht – als verzerrte Weisheit interpretiert, als verzerrter Ausdruck von Gelassenheit, Wissen um Gleichheit, Wertschätzung, klugem Handeln und Klarheit.

Fünf Säulen des Lebens (33)
1. Beziehungen, das heißt Zweierbeziehung, Familie, Nachbarn und Freunde, 2. Wohnort im Sinne von einem Zuhause, 3. Beruf und Arbeitsplatz, 4. religiöse oder weltanschauliche Anbindung und 5. Gesundheit.

Fünf Skandhas (20)
Im Modell der fünf *Skandhas* sind Grundgefühle eine der fünf Persönlichkeitskomponenten, *skandha,* wörtlich Haufen oder Ansammlung. Wir fühlen uns als eine lebendige Ganzheit, als Person, wenn wir fünf unterschiedliche Gruppen von Erfahrungen machen: Wir erleben Form oder Dinghaftigkeit, Gefühle, können unterscheiden und kategorisieren, haben einfache und komplexe Gewohnheitsmuster und ein Bewusstsein davon, *rupa, vedana, samjna, samskara, vijnana.*

Sechs Hauptverblendungen (130)
Gier, Hass und Verblendung, Überheblichkeit, falsche Ansichten und störender Zweifel.

Sechs Paramitas (94)
Großzügigkeit, ethisches Verhalten, Geduld, Ausdauer aus Freude am Heilsamen, Sammlung und Hingabe und schließlich tiefe Einsicht oder die Weisheit, die die Relativität aller Vorstellungen erkennt.

Sieben Einsichten der Achsenzeit (79)
1. Das *Hinterfragen* aller kollektiven Werte, 2. *Individualisierung,* selber denken, 3. *Einfühlung* in das eigene Leid und das von anderen, 4. Die *Verinnerlichung* religiöser Inhalte, 5. Eine Ahnung der *Unfassbarkeit* der Tiefendimension des Lebens und der *Relativität* aller Vorstellungen, 6. Der Wunsch nach *Seelenfrieden,* 7. Die Einsicht, dass wir Anteil an *beiden Dimensionen* des Lebens haben, der fassbaren und der unfassbaren Welt.

Sieben Todsünden (150)
Nach Papst Gregor dem Großen. 7. Jh.; Stolz, Neid, Zorn, Trägheit (früher: Traurigkeit), Habgier, Völlerei, Wollust.
Im 7. Jh. wurde die Traurigkeit durch die Trägheit ersetzt, denn die Benediktiner schätzten neben dem Beten auch das Arbeiten, *ora et labora.* Zu den alten acht Todsünden gehörten die späteren sechs und zusätzlich wurden geistige Faulheit und Ruhmsucht erwähnt. Das heißt, neben allgemeinem Stolz war in den alten Ständegesellschaften Ruhmsucht ein Laster, in wenig individualisierten Kulturen gilt Denken als anstrengend und zur Förderung des Denkens wurde geistige Faulheit als Laster definiert.

Sieben Arten von Stolz (136)
Wir fühlen uns überlegen über: 1. einfache Menschen, 2. Gleichgestellte, 3. überlegene Menschen. 4. Wir sind stolz auf nicht vorhandene Eigenschaften. 5. Wir fixieren die wechselnden Erfahrungen der fünf Skandhas zu einem stabilen Ichgefühl. 6. Wir fühlen uns sehr überlegenen Menschen nur leicht unterlegen. 7. Wir halten schlechte Eigenschaften für großartig.

Acht Arten des natürlichen Leidens (50)
Sie gehören zum Leben: Geburt, Alter, Krankheit, Tod; verlieren, was wir lieben; nicht bekommen, was wir wollen; bekommen, was wir nicht wollen; nie sicher sein vor Leiden. Wir schaffen uns zusätzliches Leiden, wenn wir das natürliche Leiden ablehnen, ignorieren oder uns darüber beklagen.

Fachbegriffe

Buddha-Natur (24)
Buddha-Natur, *tathagatagarbha, buddha gotra*. Der erste Begriff bedeutet wörtlich *Schoß* oder *Keim* der Buddhaschaft, der zweite, dass wir zum Geschlecht, *gotra*, oder der Familie der Buddhas gehören. Wir sind also alle mit allen Erwachten verwandt, auch ohne selbst erwacht zu sein. Alle mit Wahrnehmung begabten Lebewesen sind aus Buddha-Weisheit *geboren* und tragen den *Keim* des Erwachens beziehungsweise das Potenzial zu erwachen in sich. Im Buddhismus gilt das auch für Tiere und alle weiteren Arten von Lebewesen, die wir mit unseren fünf Sinnen und dem Denken nicht wahrnehmen beziehungsweise erkennen können.

Dualistische Sicht und dualistisches Verhalten (26)
Die ersten beiden Schleier, vor Buddha-Natur und der Schleier der übertriebenen Getrenntheit, verfestigen unsere dualistische *Sicht*; der dritte und vierte Schleier, ungültige Konzepte, reaktive Emotionen und eingefahrene Gewohnheiten verfestigen dualistisches *Verhalten*.

Gefühle und Emotionen im Westen (15)
Unter dem Stichwort Emotionspsychologie werden viele Arten von Gefühlen beziehungsweise Emotionen aufgeführt, die ich zur besseren Übersicht in sieben Gruppen zusammenfasse: 1. Somatische Emotionen wie Antriebe: Hunger, Durst, Schlaf, Sexualtrieb, Stimmungen: lebhaft – schwermütig, Morgenmuffel – Frühaufsteher, Schreck: Flucht – Angriff, Angst: Flucht, Ängstlichkeit, Panik, Pessimismus. 2. Situative Emotionen wie Freude, Humor, Zorn, Sorgen, Besorgnis, Überraschung. 3. Soziale Emotionen wie Liebe, Selbstlosigkeit, Antipathie gegen Dinge, Personen, Tiere, Ideen und so weiter, mit einer großen Spannbreite von Abwehr bis Ekel. Für Aggression werden 37 Theoriegruppen erwähnt, die sich unter anderem mit Aggressionsabbau und dem Einüben sozialen Verhaltens befassen (dtv-Atlas der Psychologie 1984).

Die soziale Emotion der Scham gilt als Hüter von Selbstrespekt und Selbstschutz und der Achtung fremder Integrität. Schuldgefühle nach Fehlverhalten basieren auf Verantwortungsgefühl und Selbstkritik. Moralische Gefühle entstehen in einem bestimmten sozialen Kontext und folgen einem bestimmen Kodex. 4. Zu den kognitiven Emotionen zählen Interesse, Hoffnung. Dann gibt es 5. ästhetische und religiöse Gefühle und meditative Emotionen, die sich auf die Selbsterfahrung im eigenen Erleben beziehen. 6. Das Selbstwertgefühl pendelt zwischen Selbstachtung und Fremdwahrnehmung. 7. Als letzte Kategorie werden unterschiedliche Gefühlsstörungen genannt.

Gefühle im Buddhismus (17)
Der Buddhismus beschreibt drei Gruppen von Gefühlen: *Grundgefühle*, *schmerzhafte*, verblendete oder reaktive und *heilende* Gefühle, skrt. *vedana, klesha, brahmavihara.* Der Begriff Grundgefühl, *vedana,* bezieht sich auf die einfache Unterscheidung und Bewertung einer Erfahrung als *angenehm, unangenehm* oder *neutral,* bezogen auf *körperliche* und *geistige* Prozesse.

Heilende oder himmlische Gefühle (18)
Pali *brahmavihara*, Freundlichkeit oder Wohlwollen, Mitgefühl, Freude und Mitfreude, Gleichmut.

Ichgefühl (21)
Unser Ichgefühl ist kein festes Etwas, sondern eine bloße Benennung auf der Grundlage von fünf unterschiedlichen Gruppen von Erfahrungen, auf der Basis der fünf Skandhas: Form oder Dinghaftigkeit, Gefühl, Unterscheiden, Gewohnheitsmuster und Bewusstsein; siehe auch fünf Arten des Ichgefühls.

Klesha, skrt. wörtlich: befleckt
Verblendungen, die den Frieden des Herzens stören; siehe auch reaktive Emotionen, fünf Kleshas, fünf Hindernisse.

Leiden
Siehe acht Arten des natürlichen Leidens.

Leiden
Siehe drei Dimensionen des Leidens.

Mahayana (80)
Großes Fahrzeug, von *yana*, Fahrzeug, und *maha*, groß.

Mitgefühl (78)
Mitgefühl wird produktiv, wenn drei weitere Haltungen im Hintergrund mitschwingen: Wohlwollen, Freude und Gleichmut. Zusammen gelten sie als die vier zentralen heilenden oder himmlischen Gefühle.

Mantrayana (100)
Mahayana-Schule, die mit Gottheiten-Yoga und Mantras arbeitet; siehe auch Vajrayana.

Nirvana
Herzensfrieden durch das Verlöschen von Gier, Hass und Verblendung.

Reaktive Emotionen (17, 42)
Skrt. *klesha*. Reagieren wir auf die drei Grundgefühle automatisch mit den drei Geistesgiften, mit Festhalten, Abwehr oder Ignorieren in ihren vielen Varianten, stören wir den Frieden des Herzens. Man kann Angst und Wut als sekundäre Emotionen interpretieren, als Reaktion auf misslungene Flucht oder misslungenes Setzen von Grenzen.

Samsara (29)
Kreislauf der sich ständig wiederholenden Probleme, Kreislauf der reaktiven Emotionen.

Schleier
Siehe Vier Schleier.

Skandhas
Siehe Fünf Skandhas.

Vajrayana, wörtl. Donnerkeil-Fahrzeug (100)
Bezieht sich auf den unzerstörbaren Donnerkeil des Gottes Indra, ein Symbol für die unzerstörbare Essenz des Geistes, für Buddha-Natur. Auch Diamantweg, Mantra- oder Tantra-Fahrzeug genannt. Buddhistischer Weg, der mit inneren Energien und Chakren, Mantras und Gottheiten-Praxis arbeitet.

Weisheit, skrt. *jnana* (134)
Durch Übung und Einsicht kann man die fünf Arten von Weisheit in den fünf Kleshas entdecken; siehe fünf Arten von Weisheit.

Literaturempfehlungen

Armstrong, Karen (2006): Die Achsenzeit. Berlin: Siedler

Ayya Khema (1997): Vier Ebenen des Glücks. Uttenbühl: Jhana

Beck, Ulrich (2002): Macht und Gegenmacht im globalen Zeitalter. Frankfurt: Suhrkamp

Beck, Ulrich (2012): Das deutsche Europa. Neue Machtlandschaften im Zeichen der Krise. Frankfurt: Suhrkamp

Bröckling, Ulrich (2017): Gute Hirten führen sanft. Über Menschenregierungskünste. Berlin: Suhrkamp

Comte-Sponville, André (2014, 1995): Ermutigung zum unzeitgemäßen Leben. Ein kleines Brevier der Tugenden und Werte. Reinbek: Rowohlt

Diamond, Jared (2006, 1997): Arm und Reich. Frankfurt: Fischer

dtv-Atlas zur Psychologie (1984)

Erikson, Erik H. (1987): Identität und Lebenszyklus. Frankfurt: Suhrkamp

Han, Byung-Chul (2011): Die Müdigkeitsgesellschaft. Berlin: Matthes & Seitz

Harris, Thomas A. (2007, 1967): Ich bin ok. Du bist ok. Reinbek: Rowohlt

Heinsohn, Gunnar (2003): Söhne und Weltmacht. München: Piper

Illouz, Eva (2016, 2012): Warum Liebe weh tut. Berlin: Suhrkamp

Jaspers, Karl (1971, 1953): Einführung in die Philosophie. München: Piper

Jullien, Francois (2001): Der Weise hängt an keiner Idee. München: Fink

Kalu Rinpoche (1990): Der Dharma, der wie Sonne und Mond alle Wesen erleuchtet. Wachendorf: Kaygü Dharma

Kast, Verena (2012, 2005): Von Sinn des Ärgers. Freiburg: Herder

Katie, Byron (2012): Eintausend Namen für Freude. München: Goldmann

Khanna, Parag (2011): Wie man die Welt regiert. Eine neue Diplomatie in Zeiten der Verunsicherung. Berlin: Berlin Verlag

Kurzweil, Ray (1999): Homo s@piens. Köln: Kiepenheuer & Witsch

Levine, Peter (2012): Sprache ohne Worte. München: Kösel

Morris, Ian (2011, 2010): Wer regiert die Welt? Warum Zivilisationen herrschen oder beherrscht werden. Frankfurt: Campus

Neumann, Erich (1974): Ursprungsgeschichte des Bewusstseins. München: Kindler

Neumann, Erich (1985, 1964): Tiefenpsychologie und neue Ethik. München: Kindler

Pieper, Josef (2012): Über die Hoffnung. Freiburg: Johannes Verlag

Pinker, Steven (2011): Gewalt. Eine neue Geschichte der Menschheit. Frankfurt: Fischer

Postman, Neil (2001): Die zweite Aufklärung. Berlin: Berliner Taschenbuchverlag

Reckwitz, Andreas (2017): Die Gesellschaft der Singularitäten. Zum Strukturwandel der Moderne. Berlin: Suhrkamp

Roth, Gerhard (2003): Aus Sicht des Gehirns. Frankfurt: Suhrkamp

Safranski, Rüdiger (2003): Wieviel Globalisierung verträgt der Mensch? München: Hanser

Safranski, Rüdiger (2010, 2007): Romantik. Eine deutsche Affäre. Frankfurt: Fischer

Safranski, Rüdiger (2017, 2015): Zeit. Was sie mit uns macht und was wir aus ihr machen. Frankfurt: Fischer

Schumann, H. W. (1993): Buddhismus, Stifter, Schulen und Systeme. München: Diederichs

Schumann, H. W. (2000): Handbuch Buddhismus. Die zentralen Lehren: Ursprung und Gegenwart. München: Diederichs

Sloterdijk, Peter (1993): Im selben Boot. Frankfurt: Suhrkamp

Sloterdijk, Peter (2013). Ausgewählte Übertreibungen. Essays. Frankfurt: Suhrkamp

Spierling, Volker (2017): Ungeheuer ist der Mensch. Eine Geschichte der Ethik von Sokrates bis Adorno. München: C. H. Beck

Thubten Yeshe: Viele Bücher und Beiträge unter: www.lamayeshe.com

Tillich, Paul (1965): Mut zum Sein. Hamburg: Furche

Tillich, Paul (1975): Wesen und Wandel des Glaubens. Berlin: Ullstein

Ulrich, Bernd (2017): Guten Morgen Abendland. Der Westen am Beginn einer neuen Epoche. Köln: Kiepenheuer & Witsch

Urgyen Tulku (2003): Regenbogenbilder. Aspekte der Dzogchen-Praxis. Freiamt: Arbor

Wetzel, Sylvia (2006, 2011): Die vier Schleier. edition tara libre K5. Selbstverlag, www.sylvia-wetzel.de

Wetzel, Sylvia (2010a, 1999): Das Herz des Lotos. Frauen und Buddhismus. Berlin: edition steinrich

Wetzel, Sylvia (2010b, 1999): Hoch wie der Himmel. Berlin: Theseus

Wetzel, Sylvia (2013, 2002): Leichter leben. Berlin: Lehmanns Media

Wetzel, Sylvia (2014): Achtsamkeit und Mitgefühl. Stuttgart: Klett-Cotta

Wetzel, Sylvia (2015): Vertrauen. Finden, was uns wirklich trägt. München: Scorpio

Wetzel, Sylvia (2017, 2007): Worte wirken Wunder. Berlin: Lehmanns Media

Wetzel, Sylvia (2017a) mit Reddemann, Luise: Mögen alle Wesen glücklich sein. Mitgefühl und Gerechtigkeit neu entdecken. Ostfildern: Patmos

Wetzel, Sylvia (2017b): Mut zur Muße. Sich Zeit gönnen für das Wesentliche. München: Scorpio

Wetzel, Sylvia (2018): Meditieren – aber wie? (in Vorbereitung bei Klett-Cotta)

Wilber, Ken (1997): Eine kurze Geschichte des Kosmos, Frankfurt: Fischer (A Brief History of Everything, Shambala 1996)

Zotz, Volker (1996): Geschichte der buddhistischen Philosophie. Reinbek: Rowohlt

Sylvia Wetzel in der edition tara libre

Zahlreiche Beiträge im Netz: www.sylvia-wetzel.de

Studienmaterialien zum Buddhismus

Über 30 kleine Schriften (24–60 S.), € 2–4

15 Bücher (160–320 S.), € 12–16

Audio- und MP3-CDs

Von öffentlichen Vorträgen & Tagesseminaren.

Von Angst und Beziehungen über Freude, Kommunikation, Liebe, Lebensziele bis Wut und Ärger.

75 Audio-CDs 2001–2008, max. 80 Min., € 10

Über 200 MP3-CDs. 2000–2017. Vortrag, Übungen, Fragen. Wird fortgesetzt, € 12–15